Introduction au livre d'Ézéchiel

Introduction au livre d'Ézéchiel

Lire Ézéchiel dans les ruines et le renouveau

sous la supervision de
Soo Kim Sweeney

Les Essentiels Théologiques

DTL

Library of Congress Cataloging-in-Publication Data
Données de catalogage avant publication de la
Bibliothèque du Congrès

Soo Kim Sweeney (créateur).
[Introduction to the Book of Ezekiel: Reading Ezekiel in Ruins and
Renewal / Soo Kim Sweeney]
Introduction au livre d'Ézéchiel: Lire Ézéchiel dans les ruines et le
renouveau/ Soo Kim Sweeney

179 + *xiii* pp. cm. 12.7 x 20.32 (avec bibliographie)
ISBN 979-8-89731-978-7 (Print)
ISBN 979-8-89731-192-7 (Ebook)
ISBN 979-8-89731-189-7 (Kindle)

1.   Bible. Ézéchiel—Critique, interprétation, etc.
2.   Bible. Ézéchiel—Théologie
3.   Bible. Ézéchiel—Étude et enseignement

BS1545.52 .S94142025

Ce livre est disponible dans d'autres langues à www.DTLPress.com

Image de couverture: "La vision du char" d'Ézéchiel par Matthäus
Merian (1593–1650)

Introduction au livre d'Ézéchiel

Lire Ézéchiel dans les ruines et le renouveau

sous la supervision de
Soo Kim Sweeney

Les Essentiels Théologiques

DTL

Library of Congress Cataloging-in-Publication Data
Données de catalogage avant publication de la
Bibliothèque du Congrès

Soo Kim Sweeney (créateur).
[Introduction to the Book of Ezekiel: Reading Ezekiel in Ruins and
Renewal / Soo Kim Sweeney]
Introduction au livre d'Ézéchiel: Lire Ézéchiel dans les ruines et le
renouveau/ Soo Kim Sweeney

179 + *xiii* pp. cm. 12.7 x 20.32 (avec bibliographie)
ISBN 979-8-89731-978-7 (Print)
ISBN 979-8-89731-192-7 (Ebook)
ISBN 979-8-89731-189-7 (Kindle)
>   1.   Bible. Ézéchiel—Critique, interprétation, etc.
>   2.   Bible. Ézéchiel—Théologie
>   3.   Bible. Ézéchiel—Étude et enseignement
BS1545.52 .S94142025

Ce livre est disponible dans d'autres langues à www.DTLPress.com

Image de couverture: "La vision du char" d'Ézéchiel par Matthäus
Merian (1593–1650)

Table des matières

Préface de la série

L'intelligence artificielle (IA) bouleverse tout, y compris la recherche et l'enseignement théologiques. Cette série, "Les Essentiels théologiques", vise à exploiter le potentiel créatif de l'IA dans le domaine de l'enseignement théologique. Dans le modèle traditionnel, un chercheur maîtrisant à la fois le discours académique et un enseignement réussi passait plusieurs mois, voire plusieurs années, à rédiger, réviser et réécrire un texte d'introduction, qui était ensuite transmis à un éditeur qui investissait également des mois, voire des années, dans la production. Même si le produit final était généralement assez prévisible, ce processus lent et coûteux a fait exploser le prix des manuels. En conséquence, les étudiants des pays développés ont payé ces livres plus cher qu'ils n'auraient dû, tandis que ceux des pays en développement n'y ont généralement pas eu accès (au coût prohibitif) jusqu'à ce qu'ils soient jetés ou donnés des décennies plus tard. Dans les générations précédentes, le besoin d'assurance qualité – sous forme de génération de contenu, de révision par des experts, de révision et de temps d'impression – a peut-être rendu inévitable cette approche lente, coûteuse et exclusive. Cependant, l'IA bouleverse tout.

Cette série est très différente; Il est créé par l'IA. La couverture de chaque volume indique que l'œuvre a été "créée sous la supervision" d'un expert du domaine. Cependant, cette personne n'est pas un auteur au sens traditionnel du terme. Le créateur de chaque volume a été formé par l'équipe de DTL à l'utilisation de l'IA et l'a utilisée pour créer, éditer, réviser et recréer le texte que vous voyez. Ce processus de création étant clairement défini, permettez-moi d'expliquer les objectifs de cette série.

Nos objectifs:

Crédibilité: Bien que l'IA ait fait – et continue de faire – d'énormes progrès ces dernières années, aucune IA non supervisée ne peut créer un texte de niveau universitaire ou de séminaire véritablement fiable ou pleinement crédible. Les limites du contenu généré par l'IA proviennent parfois des limites du contenu lui-même (l'ensemble d'entraînement peut être inadéquat), mais le plus souvent, l'insatisfaction des utilisateurs à l'égard du contenu généré par l'IA provient d'erreurs humaines liées à une mauvaise conception des messages. Les Presses DTL ont cherché à surmonter ces deux problèmes en recrutant des chercheurs reconnus, dotés d'une expertise largement reconnue, pour créer des ouvrages dans leurs domaines d'expertise et en formant ces chercheurs et experts à la conception des messages IA. Pour être clair, le chercheur dont le nom apparaît sur la couverture de cet ouvrage a créé ce volume: il l'a généré, lu, régénéré, relu et révisé. Bien que l'œuvre ait été générée (à des degrés divers) par l'IA, les noms de nos créateurs scientifiques figurent sur la couverture, garantissant ainsi la crédibilité de son contenu, comparable à celle de tout travail d'introduction que ce chercheur/créateur aurait rédigé selon le modèle traditionnel.

Stabilité: L'intelligence artificielle est générative, ce qui signifie que chaque réponse à une requête est créée de manière unique pour cette demande spécifique. Aucune réponse générée par l'IA n'est exactement identique à une autre. Cette variabilité inévitable des réponses de l'IA représente un défi pédagogique majeur pour les professeurs et les étudiants qui souhaitent entamer leurs

discussions et analyses à partir d'un ensemble commun d'idées. Les institutions éducatives ont besoin de textes stables afin d'éviter un chaos pédagogique. Ces livres offrent ce texte stable à partir duquel enseigner, discuter et approfondir les idées.

Accessibilité financière: Les Presses DTL adhèrent à l'idée que l'accessibilité financière ne devrait pas être un obstacle à la connaissance. Chacun a le même droit de savoir et de comprendre. Par conséquent, les versions numériques de tous les ouvrages des Presses DTL sont disponibles gratuitement dans les bibliothèques DTL, et les versions imprimées sont disponibles moyennant un prix modique. Nous remercions nos chercheurs/créateurs pour leur volonté de renoncer aux accords traditionnels de redevances. (Nos créateurs sont rémunérés pour leur travail génératif, mais ne perçoivent pas de droits d'auteur au sens traditionnel du terme.)

Accessibilité: Les éditions DTL souhaitent mettre à disposition de tous, partout dans le monde, des manuels d'introduction de haute qualité et à faible coût. Les ouvrages de cette collection sont immédiatement disponibles en plusieurs langues. Les éditions DTL réaliseront des traductions dans d'autres langues sur demande. Les traductions sont, bien entendu, générées par l'IA.

Nos limites reconnues:

Certains lecteurs pourraient objecter: "Mais l'IA ne peut produire que du savoir dérivé ; elle ne peut pas créer de la recherche originale et innovante." Cette critique est, en grande partie, fondée. L'IA excelle dans l'agrégation, l'organisation et la reformulation d'idées préexistantes, bien qu'elle puisse parfois accélérer et affiner la production de nouvelles recherches. Toutefois, tout en reconnaissant cette limite inhérente, DTL Press souligne deux points: (1) Les textes introductifs n'ont généralement pas pour vocation d'être révolutionnaires dans leur contenu. (2) DTL Press dispose d'autres collections dédiées à la publication d'ouvrages de recherche originale, rédigés selon un processus traditionnel.

Notre invitation:
DTL Press aspire à transformer en profondeur l'édition académique en théologie afin de rendre le savoir plus accessible et plus abordable de deux manières:
En générant des manuels introductifs couvrant l'ensemble des disciplines théologiques, afin qu'aucun étudiant ne soit jamais contraint d'acheter un manuel dans une langue donnée. Nous espérons que les enseignants, où qu'ils soient, puissent utiliser un ou plusieurs ouvrages de cette série comme supports pédagogiques dans leurs cours.
En publiant également des monographies académiques, rédigées de manière traditionnelle, et mises à disposition en libre accès pour un lectorat universitaire avancé.
Enfin, DTL Press est non confessionnelle et publiera des ouvrages dans tous les domaines des études religieuses. Les monographies traditionnelles sont évaluées par des pairs, tandis que la création des livres introductifs générés par IA est ouverte à tout expert disposant des compétences requises pour superviser le contenu dans son champ disciplinaire. Si vous partagez notre engagement envers la crédibilité, l'accessibilité financière et l'accessibilité universelle,

nous vous invitons à rejoindre notre initiative et à contribuer à cette série ou à une autre collection plus traditionnelle. Ensemble, nous pouvons révolutionner l'édition académique en théologie.

Avec nos plus hautes attentes,

Thomas E. Phillips

Directeur exécutif de DTL Press
www.DTLPress.com
www.thedtl.org

Introduction
Ézéchiel comme Écriture, témoin et défi
Une invitation au lecteur

Ce livre n'a pas pour but d'apprivoiser Ézéchiel. Il invite plutôt ceux qui sont prêts à s'attarder aux confins du prophète, là où divine présence vibre, où les mots sont en pause, et où la théologie se déploie à travers le geste et la vulnérabilité. Ce volume ne propose pas de commentaire conventionnel ni de compte rendu doctrinal systématique. Il invite plutôt à s'engager avec Ézéchiel par l'attention littéraire, la profondeur théologique, la conscience éthique et la pastorale et encouragement.

Nous lisons Ézéchiel non seulement parce qu'il est exigeant, mais aussi parce que sa difficulté est une forme de témoignage. Le livre ne se prête pas facilement à l'interprétation; il résiste à la simplification, échappe aux catégories strictes et exige une attention soutenue. Par ses silences, ses excès et ses ruptures, Ézéchiel désoriente pour révéler. Pourtant, il est aussi instructif. Le livre insiste sur la présence de Dieu au cœur de l'effondrement, sur le fardeau du prophète comme signe et sur la vocation du reste à imaginer l'avenir suivant.

Lire Ézéchiel, c'est donc risquer la transformation. Ses métaphores dérangent, ses silences accusent et ses visions bouleversent ce que nous pensions savoir de Dieu et de nous-mêmes. Pourtant, c'est précisément dans ce bouleversement que réside sa charge théologique. Le livre d'Ézéchiel n'est pas un simple rouleau de paroles différées; c'est un texte conçu

1

prophétiquement conception, conçue pour se souvenir de la rupture, résister à la régression et répéter l'éthique restauration.

Ce volume traverse trois domaines interconnectés arcs. Partie I établit des stratégies rhétoriques et des déplacements théologiques du rouleau. La deuxième partie explore des passages choisis pour explorer la pensée intérieure d'Ézéchiel logique et défis externes avec sa composition, ses métaphores et prophétique performance. Partie III considère le Les futurs éthiques et homilétiques qui émergent du livre d'Ézéchiel, non seulement par son contenu mais aussi par sa construction, guidant la réflexion sur le traumatisme, la mémoire et la prédication. Ainsi, le livre d'Ézéchiel est abordé comme un paysage dynamique (textuel, spatial et théologique) où la parole et silence couper à tracer les possibilités du divin-humain interaction.

Étudier Ézéchiel, ce n'est donc pas simplement observer un prophète depuis un distance. Il est à être dessiné dans son en orbite, et peut-être d'être convoqué comme témoin à notre époque.

Partie I
Encadrer le prophète et le rouleau

Le livre d'Ézéchiel s'ouvre non pas sur une déclaration prophétique claire, mais sur une vision bouleversante. Plutôt que de prononcer un discours, le prophète est immergé dans ce qu'il voit. Ézéchiel 1 n'offre pas une entrée en douceur dans la vocation prophétique; il nous confronte à une expérience bouleversante de la présence divine. Cette rupture ne constitue pas un obstacle à l'interprétation, mais sa force génératrice. Le sens, chez Ézéchiel, naît non pas de la clarté narrative, mais de l'intensité affective et symbolique.

La première partie de ce volume traite de la désorientation comme une expérience formatrice plutôt qu'obstruante. Le silence, le symbolisme et l'abondance des premiers chapitres d'Ézéchiel exigent une approche de lecture distincte, qui accepte l'incertitude plutôt que de rechercher une solution immédiate. La tension théologique ne doit pas être perçue comme un obstacle à surmonter plutôt comme un espace à expérimenter. Ici, la présence peut ne pas être rassurant, et la communication peut ne pas toujours trouver d'écho. Cette section invite donc le lecteur à une théologie d'interruption.

Le chapitre 1 pose les bases conceptuelles en explorant le rouleau comme objet performatif. La prophétie d'Ézéchiel n'est pas simplement proclamée; elle est consommée, mise en pratique, différée et incarnée. La parole divine est abondante, mais souvent ignorée. L'action symbolique est vive, mais opaque.

L'identité prophétique d'Ézéchiel se forge dans ce paradoxe de clarté et d'effondrement.

Le chapitre 2 élargit le champ d'étude en retraçant comment Ézéchiel a été lu, combattu et réimaginé à travers les traditions. Plutôt que d'offrir un cadre interprétatif unique, il présente un paysage multiforme, allant du mysticisme juif et de l'allégorie chrétienne aux références islamiques et aux réévaluations contemporaines par les chercheurs. Ces rencontres forment une sorte d'histoire de la réception qui refuse toute réduction et exige une humilité théologique.

Le chapitre 3 introduit une perspective pragmatique et théologique. Il examine comment le livre d'Ézéchiel fonctionne non seulement comme un artefact ancien, mais aussi comme un texte communicatif qui continue de façonner la prédication, l'enseignement et la réflexion vécue. En mettant en évidence la rupture de l'alignement communicationnel entre expéditeur, messager et message, et récepteur, ce chapitre suggère que Ézéchiel ne modélise pas une proclamation efficace, mais la nécessité théologique d'une transmission différée. Le prophète devient non seulement un orateur, mais un lieu d'interruption divine.

Ces trois chapitres de la première partie créent collectivement une fondation éclairée par l'histoire, large dans son interprétation et ancrée dans la théologie. Ézéchiel est Il n'est pas présenté comme un prophète de messages clairs, mais plutôt comme une figure de rupture. Son rôle exige plus que de la compréhension; il exige présence, patience et éthique fiançailles.

Chapitre 1
Ce qui manque à Ézéchiel, ce dont il déborde et pourquoi c'est important

Ézéchiel n'attire pas le lecteur par sa beauté lyrique ni par sa proximité prophétique. Le livre s'ouvre plutôt sur une rupture, une vision bouleversante sans explication immédiate, une présence divine qui incarne la raison impérieuse du jugement. Les premières expériences et rencontres du prophète avec des êtres hybrides, le firmament et le char divin sont présentées avec densité plutôt que réconfort. D'emblée, le lecteur est confronté non pas au dialogue, mais à la distance; non pas à la consolation, mais à la complexité. Ce chapitre examine comment la grammaire prophétique caractéristique d'Ézéchiel, marquée par l'absence, l'excès et le silence, constitue une théologie de l'éloignement. Ce qui manque dans le livre d'Ézéchiel est aussi important que ce qui submerge le texte. Cette dynamique recadre la communication divine-humaine non pas comme une clarté, mais comme un affrontement.

Ce qui manque à Ézéchiel

Le livre d'Ézéchiel Il manque notamment de nombreux éléments littéraires et théologiques que l'on retrouve dans d'autres écrits prophétiques. On y trouve peu de lamentations, d'intercessions et presque aucun dialogue communautaire. Contrairement à Moïse ou à Jérémie, le prophète prend rarement la défense du peuple. Les silences d'Ézéchiel ne sont pas de simples omissions narratives; ils constituent des perturbations théologiques. Son discours est retardé (3,26), le deuil public est interdit (24,17) et la prière est suspendue. Même lorsque la parole divine est prononcée abondant, il semble souvent performativement d est déplacé: destiné à des publics inaccessibles, transmis en exil et souvent sans réception claire.

Ce qui est encore plus frappant, c'est l'absence de certains éléments: il n'y a pas de demandes claires de pardon, Ni aveux collectifs, Ni joyeuses retrouvailles, et aucune intervention miraculeuse. La vie dramatique du prophète devient le seul signe de l'intervention divine. Le deuil public pour sa défunte épouse est interdit (24:15-24), ses actions ne sont pas consignées et son auditoire reste largement insensible. En exil, le peuple d'Ézéchiel vit dans un état de temps suspendu. Les dates peuvent être enregistrées, mais le temps n'est plus vécu. Les rythmes cycliques des fêtes sacrées et des rites saisonniers ont cessé, ne laissant aucune expérience incarnée de flux ou de renouveau temporel. L'horodatage précis du prophète se lit donc moins comme un calendrier liturgique que comme un rituel de survie, comme si, tel Robinson Crusoé marquant les jours sur une île après un naufrage, Ézéchiel résistait à l'effacement du temps en l'inscrivant dans les bancs de sable de l'effondrement historique.

L'excès performatif d'Ézéchiel reste inassouvi, dramatisant ainsi la disjonction entre l'intention divine et la conscience humaine. Tandis que le rouleau est consommé, son contenu demeure indéterminé. Des refrains répétitifs tels que "ils sauront que je suis YHWH" et des marqueurs temporels comme "en ce jour-là". Les révélations ne se présentent pas comme des promesses, mais plutôt comme des affirmations non résolues. Le lecteur est confronté à une révélation qui, bien que bouleversante, manque finalement de clarté.

Malgré de nombreux commandements divins ordonnant à Ézéchiel de transmettre des messages de jugement et d'accomplir des actes symboliques, le livre d'Ézéchiel ne mentionne explicitement une communication réelle au peuple qu'à trois reprises (chapitres 8 à 11, 12 et 24), ce qui met en évidence une rareté frappante de transmission prophétique directe. Ces communications n'apparaiss-ent pas comme des appels pour repentir mais comme sombre prévisions d'imminent ou un destin funeste. Pour le public, ces messages sont perçus comme des avertissements rétrospectifs, arrivant trop tard pour provoquer un changement efficace. Cette surabondance de scripts symboliques ne guide donc pas la communauté vers la repentance, mais la laisse dans un état de suspense théologique.

Cette absence n'est pas simplement un vide; elle sert plutôt de cadre qui redirige l'attention du lecteur de la persuasion rhétorique vers l'interruption incarnée. En retenant les gestes prophétiques attendus, le texte déstabilise les hypothèses théologiques, notamment celles associées à la présence, à l'accès et à la réactivité divine. Ézéchiel n'habite pas un écosystème communicatif; il en traverse les vestiges.

Ce dont Ézéchiel déborde

En l'absence de dialogue ou de confession explicite, le livre d'Ézéchiel se caractérise par une profonde densité symbolique. Le texte regorge de visions, de métaphores et d'ordres performatifs, mais ces éléments ne répondent souvent pas aux attentes des structures narratives traditionnelles. Par exemple, au chapitre 4, Ézéchiel reçoit l'ordre de s'allonger sur le côté et de consommer de la nourriture souillée. Pourtant, le récit s'abstient notablement de confirmer si ces actions sont exécutées ou simplement transmises. Il existe un ordre sans commentaire et une exécution sans témoin.

Fondamentalement, YHWH, tel qu'il est décrit dans Ézéchiel, se caractérise par une détermination inébranlable. Bien qu'Ézéchiel reçoive fréquemment des ordres divins d'appeler le peuple à la repentance, il est frappant de constater que les trois seuls passages explicitement mentionnés de communications prophétiques (chapitres 8 à 11, 12 et 24) ne contiennent aucun appel de ce genre. Au contraire, chacun de ces moments délivre une déclaration de jugement sans ambiguïté. Cela soulève une question cruciale: le livre est-il véritablement axé sur l'incitation à la repentance, ou souligne-t-il plutôt l'inévitabilité du jugement face à une résistance persistante? Dans contraste à d'Isaïe appels pour "revenir", Ézéchiel présente un Dieu qui s'est déjà éloigné, choisissant de manifester ses actions et non pas dans le temple, mais parmi les exilés. Par conséquent, la richesse symbolique du texte ne sert pas à éclairer, mais plutôt à perturber. Les thèmes omniprésents de la colère et de la détermination de YHWH envers son peuple imprègnent presque tous les oracles de jugement, éclairant les raisons de ce jugement et les mécanismes qui ont conduit à l'exilé.

De plus, le texte présente une prévalence notable de langage honteux, particulièrement manifeste dans les représentations genrées de Jérusalem dans les chapitres 16 et 23. La ville est rendue dépouillée, exposée et humiliée; elle est dépeinte de manière grotesque comme un lieu théologique. Métaphore. L'association de kālam (honte) et de kābôd (gloire), telle qu'articulée par Klopfenstein, indique que la honte transcende la simple punition; elle constitue plutôt le fondement paradoxal sur lequel la gloire divine est réaffirmée. Les images bouleversantes présentées dans Ézéchiel ne sont pas gratuites; elles véhiculent une compréhension théologique où la gloire est préfigurée par la défiguration, et la présence anticipée par l'abaissement.

Un tel excès symbolique exige une prudence éthique. Alors que d'autres figures prophétiques utilisent la métaphore comme moyen de persuasion, Ézéchiel l'utilise souvent comme un mécanisme de rupture. La honte, par exemple, n'est pas simplement effacée, mais intégrée au cadre narratif. Cette saturation symbolique confère au texte une signification théologique et une controverse éthique.

Pourquoi c'est important

La lecture d'Ézéchiel transforme le lecteur en théologien. L'absence de dialogue et l'abondance des visions obligent le lecteur à adopter une attitude d'endurance plutôt que de maîtrise. Ézéchiel révèle que la révélation divine ne s'accorde pas toujours avec la disponibilité humaine; les mots peuvent être prononcés sans public, et la compréhension peut n'émerger qu'après une période de désolation.

Le livre d'Ézéchiel sert de miroir à l'exil, non seulement sur le plan politique, mais aussi sur le plan de la communication. Sa structure reflète un état de suspension théologique: ce que Dieu exprime est préservé, mais pas pleinement reçu. Le livre anticipe un public absent, une clarté morale encore insaisissable et une restauration future encore incertaine.

Pour ceux qui sont engagés dans la formation théologique (prédicateurs, éducateurs et lecteurs), les implications sont importantes. Ce livre met en garde les prédicateurs contre l'adhésion stricte à la formule conventionnelle du jugement à la repentance, au pardon et, finalement, à la restauration. Que signifie porter un message prématuré? Comment maintenir une vision non pas pour le présent, mais pour un avenir incertain? Le silence d'Ézéchiel ne doit pas être interprété comme de la passivité; il sert plutôt de témoignage. Les visions abondantes ne sont pas un signe d'indulgence, mais une stratégie délibérée. De plus, les ruptures vécues par le prophète pourraient représenter des seuils divins.

Chapitre 2
La réception et l'interprétation d'Ézéchiel

De l'ascension mystique à l'excision éditoriale, des plans eschatologiques au traumatisme éthique, le rouleau d'Ézéchiel parle à chaque époque et répond.

Le livre d'Ézéchiel ne s'installe pas tranquillement dans l'interprétatif traditions qu'entourer il. Il est un Un rouleau volatil, trop symbolique pour le théologien systématique, trop étrange pour le confort liturgique et trop violent pour une dévotion dénuée de sens critique. Et pourtant, il a perduré. Ce chapitre retrace la réception d'Ézéchiel à travers le temps et la tradition, non seulement pour identifier où il a exercé une influence, mais aussi pour comprendre comment et pourquoi il continue de provoquer. La réception, dans le cas d'Ézéchiel, est rarement passive. Ses lecteurs ne se contentent pas de l'interpréter; ils sont, à leur tour, interprétés par lui.

Trajectoires savantes

Le livre d'Ézéchiel a suscité un débat scientifique multiforme, allant de l'interprétation allégorique et des débats entre prêtres et prophètes à la théorie du traumatisme et à la théologie diasporique. Cette section présente les diverses approches qui ont émergé au-delà des clivages historiques et disciplinaires, en privilégiant non pas la progression linéaire, mais les ruptures, les reconfigurations et les intensités herméneutiques.

Dans l'exégèse chrétienne primitive, Ézéchiel a été le fondement des cadres mystiques et ecclésiaux. Homélies sur Ézéchiel (3ème c.) fameusement

11

allégorisait la vision du *merkavah* (char) comme l'ascension de l'âme vers la communion divine. Le Commentariorum de Jérôme, paru au IVe siècle dans Ezechielem Prophetam, conservait cette trajectoire mystique tout en mettant l'accent sur la typologie ecclésiale. Parallèlement, des traditions mystiques juives, telles que Hekhalot Rabbati (vers le VIe siècle), s'appropriaient le char d'Ézéchiel comme cartographie céleste ascension spirituelle.

Rabbinique interprétation approché Ézéchiel avec révérence et prudence. Saadia Gaon, Rashi, Ibn Ezra et autres travaillé à harmoniser d'Ézéchiel temple vision (chapitres 40-48) avec la Torah. Pourtant, des passages comme *Mishnah Ḥagigah* 2:1 reflètent une hésitation à s'engager publiquement avec le *merkavah* vision, soulignant le textes sainteté volatile. Parallèlement, des fragments du pseudo-Ézéchiel de Qumrân recontextualisaient les visions du prophète dans des cadres apocalyptiques et messianiques, adaptant Ézéchiel pour favoriser la résilience idéologique au milieu d'une rupture politique.

Dans la recherche moderne, les méthodes historico-critiques ont remodelé le rôle d'Ézéchiel. Les commentaires de Walther Zimmerli sur l'Herménée (1969, 1979) ont intégré l'analyse philologique à la réflexion théologique, présentant Ézéchiel comme une figure sacerdotale réinterprétant la mémoire d'Israël. Moshe Greenberg a mis l'accent sur la cohérence pédagogique et l'unité rhétorique dans son commentaire biblique Anchor en deux volumes (1983, 1997), s'opposant ainsi aux lectures fragmentaires.

En revanche, le commentaire de Gustav Hölscher de 1924 proposait une suppression éditoriale radicale, arguant que la plupart des éléments sacerdotaux du livre n'étaient pas ézéchiéliens. Son travail cristallisa la dichotomie prêtre-prophète qui allait dominer le domaine pendant des décennies. Plus récemment, Marvin Sweeney (2013) a plaidé pour une réconciliation de ces rôles, avançant que les aspects sacerdotaux et prophétiques d'Ézéchiel sont mutuellement constitutifs, et non contradictoires.

Les lectures performatives et littéraires ont encore repensé le parchemin. Margaret Odell et Andrew Mein, par exemple, interpréter les actes symboliques d'Ézéchiel comme des performances rhétoriques plutôt que comme des récits historiques, façonnant ainsi la théologie à travers un discours mis en scène. Cuisiner vues le Gog oracles et temple Les visions (chapitres 38-48) sont des modèles liturgiques qui réinventent l'ordre sacré. L'interprétation éthique d'Ézéchiel 18 par Paul Joyce souligne l'importance de l'action morale dans le contexte de l'exil. Parallèlement, Dalit Rom-Shiloni examine la construction rhétorique d'Ézéchiel d'une identité déplacée, en explorant les conflits inter-israélites et les notions d'espace appartenance.

Les approches comparatives ont également prospéré. Daniel Bodi établit des parallèles entre Ézéchiel et le poème babylonien d'Erra, situant Ézéchiel dans les cadres mythiques mésopotamiens de la colère divine et la dévastation urbaine. Safwat Marzouk examine comment la mythologie impériale babylonienne influence la représentation de l'Égypte par Ézéchiel comme Léviathan. Tova Ganzel examine la vision du temple comme une reconstruction spatio-théologique en réponse aux conflits communautaires dislocation.

Les critiques féministes ont vivement contesté le coût éthique des métaphores d'Ézéchiel. Julie Galambush (1992) examine la violence théologique inhérente à l'imagerie de Jérusalem-épouse. Athalya

Brenner examine les chapitres 16 et 23 à travers le prisme du traumatisme genré, en affirmant que la rhétorique d'Ézéchiel exige une résistance éthique, et pas seulement exégétique sympathie.

Les modèles interdisciplinaires continuent d'élargir le champ d'étude. Rose Stevenson et Natalie Mylonas examinent la poétique spatiale d'Ézéchiel comme une forme d'architecture théologique. CA Strine, CL Crouch et Madhavi Nevader mettent en dialogue la théorie de la migration avec la poésie d'Ézéchiel diasporique imagination. Ces lectures reformuler le parchemin comme un manuel de survie, une archive liturgique et reterritorialisé théologie.

Les études sur les traumatismes ont apporté des éclairages supplémentaires. Ellen Davis (1989) décrit le silence et le symbolisme d'Ézéchiel comme des symptômes d'éloignement divin. Ruth Poser (2012) lit le livre comme une littérature sur le traumatisme, avec sa structure fracturée, son imagerie excessive et ses boucles narratives. Elle soutient qu'Ézéchiel ne résout pas le traumatisme, mais préserve sa rupture.

Enfin, les modèles de performance communicative mettent en évidence les tensions sémiotiques internes d'Ézéchiel. Soo Kim Sweeney propose que le rouleau fonctionne comme un moyen d'interrompu communication, où divin Le commandement, la mise en œuvre prophétique et la réception par le public sont structurellement désalignés. Dans cette lecture, Ézéchiel n'est pas un orateur, mais un porteur de fracture; son rouleau est un artefact théologique de l'absence divine et prophétique témoin.

Ézéchiel dans les traditions religieuses
Traditions juives

Traditions juives le judaïsme primitif, l'imagerie d'Ézéchiel était à la fois vénérée et restreinte. La Mishna (Ḥagigah 2:1) mettait en garde contre l'exposition publique d'Ézéchiel 1, de peur que les mystères divins n'égarent ou ne submergent les non-initiés. Néanmoins, Ézéchiel a profondément façonné les trajectoires mystiques. Dans *Hekhalot Rabbati* (fin IVe-VIe siècle), la vision du char du prophète devient une carte céleste, un guide vers l'ascension céleste et les royaumes angéliques.

Le midrash rabbinique s'inspire largement d'Ézéchiel pour interpréter la destruction de Jérusalem et envisager sa restauration. Des commentateurs médiévaux, tels que Rachi, Saadia Gaon et Ibn Ezra, se sont efforcés de concilier la vision du Temple d'Ézéchiel (chapitres 40-48) avec les prescriptions de la Torah, transformant souvent les contradictions en interprétations ingénieuses. En théologie juive moderne, Moshe Greenberg, Marvin Sweeney et Dalit Rom-Shiloni traiter Ézéchiel comme les deux un théologique archive et une éthique provocation, adressage les traumatismes d'exilé, la construction de l'identité communautaire et spatialisation de la sainteté.

Visuel exégèse aussi émergé tôt. À le Synagogue de Doura-Europos (IIIe siècle apr. J.-C.), Ézéchiel apparaît de manière prédominante dans les peintures murales, notamment dans la représentation de la vision des ossements desséchés (Ézéchiel 37). Ces images représentent l'une des premières théologies visuelles juives, une mémoire liturgique rendue par la couleur, le geste et l'espace.

Le Nouveau Testament ne cite pas Ézéchiel aussi fréquemment qu'Isaïe ou les Psaumes, mais il s'inspire profondément de ses visions, notamment dans les scènes de résurrection, d'identité pastorale et d'architecture eschatologique. Les évangélistes, Paul et Jean le Voyant, reprennent chacun des fragments de la grammaire prophétique d'Ézéchiel et les recontextualisent pour interpréter le Christ crucifié et ressuscité, la vie de l'Église et la vision d'une nouvelle création.

La vision d'Ézéchiel de la vallée des ossements desséchés (37:1-14) dramatise le retour d'Israël d'exil comme une résurrection corporelle. L'esprit (רוּחַ) qui pénètre dans les ossements signale non seulement un renouveau national, mais aussi une réanimation divine. Matthieu 27:52-53 offre un écho narratif saisissant: après la mort de Jésus, "plusieurs corps des saints qui s'étaient endormis ressuscitèrent" et "sortirent des tombeaux après sa résurrection et entrèrent dans la ville sainte". Cette scène, propre à Matthieu, effondre le temps eschatologique, considérant la résurrection non seulement comme une victoire christologique, mais aussi comme la restauration d'Israël incarnée. L'imagerie d'Ézéchiel des ossements dispersés rassemblés par le souffle devient, chez Matthieu, la grammaire visuelle de l'accomplissement apocalyptique.

Dans Ézéchiel 34, YHWH condamne les bergers corrompus d'Israël et promet de paître lui-même le troupeau. "Moi-même, je chercherai mes brebis", déclare la voix divine (34:11). Cette accusation théologique devient révélation christologique en Jean 10, où Jésus proclame: "Je suis le bon berger" (10:11). Le Jésus johannique ne se contente pas de faire écho à l'inquiétude d'Ézéchiel pour les brebis dispersées; il revendique la prérogative divine, s'arrogeant la responsabilité de ses brebis le rôle que YHWH avait réservé pour Lui-même. Le prophétique promesse de divin pastorale soins est accompli dans l'incarnation et, en fin de compte, dans un berger qui donne sa vie.

La déclaration de Paul selon laquelle les croyants étaient "morts par leurs offenses et leurs péchés" (Éphésiens 2:1), mais sont désormais "rendus à la vie avec Christ" (Éphésiens 2:5) résonne indéniablement avec la vision d'Ézéchiel de la réanimation spirituelle. La promesse d'un cœur et d'un esprit nouveaux (Ézéchiel 36:26-27) sous-tend la théologie paulinienne de la grâce transformatrice. Alors qu'Ézéchiel imagine la renaissance d'Israël comme une initiative divine en exil, Paul applique ce langage aux croyants, qu'ils soient juifs ou non, concevant le salut comme une résurrection après une mort morale et spirituelle.

La vision apocalyptique de Jean de la Nouvelle Jérusalem est imprégnée d'images ézéchiéliennes. Les dimensions, les fleuves et les portes des derniers chapitres d'Ézéchiel réapparaissent transfigurés dans Apocalypse 21-22. Pourtant, un changement théologique se produit: alors que le temple d'Ézéchiel est délimité par des limites et un accès réglementé, la ville de l'Apocalypse "n'a pas de temple, car son temple est le Seigneur Dieu, le Tout-Puissant, et l'Agneau" (Ap 21,22). L'architecture de la restriction devient une théologie de la présence intérieure. L'eschaton n'est pas la restauration des structures cultuelles, mais leur dissolution dans des communion.

Pris ensemble, ces échanges néotestamentaires avec Ézéchiel reflètent continuité et transformation. Les métaphores d'Ézéchiel (résurrection, pastorale, vie imprégnée de l'Esprit et espace sacré) deviennent des idiomes théologiques par lesquels les premiers chrétiens articulent le sens de la mort du Christ, de sa résurrection et de la promesse d'une nouvelle création. Loin d'être un prophète marginal, Ézéchiel devient un architecte canonique de l'imagination eschatologique.

L'interprétation chrétienne d'Ézéchiel a longtemps mis l'accent sur l'allégorie, l'ecclésiologie et l'eschatologie. Homiliae dans Ézéchiel (en retard 6ème c.), Grégory le Great a interprété les luttes d'Ézéchiel comme un miroir de la vocation pastorale, reliant le mutisme, le fardeau et l'obéissance à la chrétien berger travail. Médiéval chiffres tel Rupert de Deutz et Richard de Saint-Victor interprétaient les visions du temple comme des liturgies célestes, avec des schémas architecturaux conçus pour modéliser l'ordre divin.

L'exégèse mystique connut également un essor. Denys le Chartreux (XVe siècle) considérait Ézéchiel comme un guide contemplatif, tandis que les lecteurs monastiques utilisaient la vision du char pour explorer la tension entre transcendance divine et union mystique.

La Réforme a ravivé l'intérêt pour la critique prophétique. Jean Calvin a souligné l'autorité prophétique et la souveraineté théologique d'Ézéchiel, lisant le texte à travers le prisme du jugement de l'alliance. Des théologiens luthériens et réformés tels que Johannes Cocceius et William Greenhill ont spiritualisé la vision du temple, l'interprétant comme une anticipation typologique du renouveau ecclésial.

L'art chrétien a absorbé et réfracté ces interprétations. La Vision d'Ézéchiel de William Blake (début du XIXe siècle) réinvente le char dans une forme romantique radicale, représentant la rencontre entre le divin et l'humain comme un drame cosmique. Les traditions apocalyptiques, en particulier la théologie dispensationaliste, continuent de s'aligner. Le temple d'Ézéchiel avec la Nouvelle Jérusalem d'Apocalypse 21-22, lisant le prophète comme architecte eschatologique.

Traditions islamiques

Bien qu'Ézéchiel (Ḥizqīl) ne soit pas nommément mentionné dans le Coran, sa présence résonne dans la littérature islamique classique. Les traditions tafsīr l'associent à des versets comme Q 2:243 et Q 36:78–79, dans lequel Dieu ressuscite les morts pour manifester sa puissance divine. Les commentateurs classiques tel comme al-Ṭabarī et al-Thaʿlabī identifier Ézéchiel comme le prophète dans l'épisode "Vallée des ossements secs", interprétant sa mission comme une preuve de résurrection et de divinité miséricorde.

Dans *Qiṣaṣ al-Anbiyāʾ* ("Histoires des prophètes"), Ézéchiel apparaît comme un messager sage et pieux, parfois présenté comme un réformateur militaire et moral en période de péril national. Son association avec la restauration, la résurrection corporelle et le renouveau cosmique le place au cœur des théologies islamiques de l'eschatologie et de l'intervention divine.

Prophète, prêtre, pasteur: apprendre avec Ézéchiel

Pour les lecteurs modernes, étudiants, prédicateurs et communautés théologiques, Ézéchiel pose une série de questions stimulantes: que signifie parler quand personne n'écoute? Que devient le sacerdoce pour celui qui est appelé à servir comme prêtre lorsque le temple est en ruines? Quel est l'essence de la prédication lorsque les paroles sont éclipsées par le jugement?

Ézéchiel ne se résume pas à un seul rôle. Il est un messager sans répondre, un scribe de sacré traumatisme, et un veilleur dont l'avertissement est archivé plutôt que reçu. Il est à la fois prophète, prêtre et pasteur, mais dans aucun de ces rôles il n'offre stabilité ou résolution. Au contraire, son ministère illustre l'endurance face aux épreuves dissonance.

En classe, Ézéchiel invite les élèves à examiner et à remettre en question les logiques théologiques binaires. Pourquoi supposer un conflit entre le rituel sacerdotal et la spontanéité prophétique? Pourquoi interpréter la pastorale comme une simple douceur ou un apaisement? La vocation d'Ézéchiel bouleverse ces présupposés. Son silence n'est pas passif; c'est un témoignage discipliné. Ses visions ne sont pas des extases sauvages, mais des performances structurées de rupture. Les élèves sont mis au défi de reconsidérer non seulement ce qu'est un prophète, mais aussi ce que signifie rester fidèle malgré l'échec.

En chaire, Ézéchiel s'adresse à ceux qui portent des messages que personne ne veut entendre. Son modèle de proclamation devient ainsi non pas persuasif, mais conservateur. Le prédicateur ne convainc pas, mais il est celui qui se souvient, qui témoigne de ce qui a été vu et entendu lorsque Dieu a parlé et les personnes n'étaient pas prêts à écouter. Ézéchiel Le ministère ne se justifie pas par ses résultats, mais par sa présence. Il incarne la vérité selon laquelle toute parole n'est pas vouée au succès, et tout silence n'est pas absent.

Conclusion

Au fil des siècles, la figure d'Ézéchiel a rencontré des résistances, subi des restructurations et été réimaginé de diverses manières. Gustav Hölscher a cherché pour imposer une cohérence au rouleau, tandis que d'autres ont choisi d'assumer ses tensions inhérentes. Ézéchiel a été représenté sur les murs des synagogues, a résonné dans les liturgies monastiques et a imprégné l'architecture apocalyptique chrétienne. Il n'est pas un prophète de fermeture mais un catalyseur pour provocation.

Son manuscrit ne livre pas une théologie singulière; il présente plutôt une cascade d'interruptions: mystiques, traumatiques, eschatologiques et éthiques. C'est un prophète qui déconstruit pour redéfinir; qui fait taire pour créer de l'espace; qui parle non pas pour résoudre un problème, mais pour attirer notre attention.

En fin de compte, le rouleau d'Ézéchiel est inachevé. Il reste ouvert, non pas pour être achevé, mais pour être poursuivi.

Chapitre 3
Lire Ézéchiel selon des perspectives pragmatiques

À quoi ressemble une prophétie lorsque le public est absent et que les paroles sont archivées pour un avenir inconnu? Le monde d'Ézéchiel n'est pas dialogique, mais protecteur, où la communication ne recherche pas l'effet immédiat mais à long terme intégrité. Ce chapitre construit sur Les fondements interprétatifs des chapitres 1 et 2, et la question suivante: que signifient les discours prophétiques d'Ézéchiel pour les lecteurs et les interprètes? Nous abordons le livre d'Ézéchiel non seulement comme un texte à étudier, mais aussi comme une œuvre performative agent, celui qui réorganise les catégories de présence, de responsabilité et de transmission.

Plutôt que de fonctionner comme une conversation en temps réel entre le prophète et le peuple, le livre d'Ézéchiel met en scène la parole divine comme une inscription différée. Le prophète est averti à plusieurs reprises que le peuple n'écoutera pas (2:5; 3:7). Pourtant, le rouleau doit être enregistré. Cela crée une théologie de la prophétie archivistique, où la valeur de la parole divine ne réside pas dans sa réception immédiate, mais dans sa préservation au-delà des ruptures. Le rôle du prophète évolue, passant du simple messager de la révélation divine à celui de gardien de la volonté divine.

Cette transformation souligne une profonde mutation du discours prophétique, où le prophète s'engage dans un processus complexe d'inscription de la sagesse dans le silence de l'histoire. Cet acte d'écriture n'est pas seulement un écho du présent, mais un témoignage porteur d'espoir pour un avenir où les rouleaux, soigneusement confectionnés, seront dévoilés, interprétés et appréciés pour leurs perspectives transformatrices. Le prophète devient ainsi le gardien indéfectible de ces textes sacrés, anticipant le moment où leurs paroles résonneront avec compréhension et sens dans un monde qui n'en a pas encore pleinement saisi la portée.

D'Ézéchiel communicatif structure est profondément asymétrique:

Expéditeur: YHWH, dont le discours est fréquent mais stratégiquement mis en scène.

Messager: Ezekiel, souvent muet, toujours scénarisé.

Destinataire: Un public fragmenté; les vestiges de Jérusalem, les exilés à Babylone ou les générations futures.

On peut considérer ce déséquilibre comme la stratégie théologique distinctive du livre plutôt que comme une lacune. Le livre ne présente pas YHWH comme un remède à la surdité du public; au contraire, Dieu transforme sa parole en geste, le temps en attente et la prophétie en archive. Le message n'est pas délivré, mais conservé rituellement. La rupture communicative est ainsi transformée en vocation prophétique.

Une fois cette perspective adoptée, le silence d'Ézéchiel (3:26) devient un événement théologique plutôt qu'une simple contrainte. Il ouvre la possibilité que la parole fidèle soit différée, incarnée et exprimée avec réticence prophète devient un conduit d'endurance. Ses gestes (manger un parchemin, s'allonger sur le côté, rester muet) signalent que le langage a des limites. La prophétie doit parfois parler à

24

travers le corps, lorsque la voix ne s'exprime plus suffit.

Ézéchiel ne vise pas seulement à transmettre un message divin; il remodèle le récepteur. Le rouleau a une fonction pédagogique, non seulement pour transmettre des informations, mais pour préparer une communauté capable d'incarner la présence divine après l'exil. Cette préparation implique plus que de la persuasion; elle exige le démantèlement délibéré des constructions théologiques héritées de l'ancien monde: la permanence du temple, la réciprocité prophétique et la sécurité de l'alliance. À leur place, le rouleau initie un processus rigoureux de retenue, de retrait et de dépouillement. Ces actes ne sont pas des fins en soi, mais des ruptures nécessaires au service d'un objectif plus vaste: faire place à une nouvelle création de personnes, de terres, de temples et de villes, reconstruites non par la restauration, mais par la transformation.

L'enseignement de ce livre offre l'occasion de repenser la communication, la pédagogie et l'action théologique. Utilisez le jeu de rôle pour reproduire la séquence communicative d'Ézéchiel, en demandant aux élèves de jouer les rôles de l'expéditeur, du prophète et du public ombragé, dont la communication directe est limitée. L'exercice révèle le dissonance construit dans le parchemin lui-même structure.

Introduisez la théorie de la communication (Austin, Searle) pour illustrer comment le discours prophétique dans Ézéchiel fonctionne non pas comme une persuasion illocutoire mais comme une inscription archivistique.

Faciliter la cartographie spatiale et temporelle: retracer la manière dont les messages traversent l'espace (Babylone-Jérusalem) et le temps (présent-futur), en identifiant le coût prophétique de l'espoir différé.

Ézéchiel met le prédicateur au défi de ne pas produire de résultats, mais de porter le fardeau. Le prédicateur, comme Ézéchiel, peut parler connaissance que quand personne n'écoute. Encore cela n'invalide pas le message; cela l'affirme il.

La prédication d'Ézéchiel n'est pas une proclamation destinée à la persuasion, mais un discours pour mémoire. La chaire deviendrait un site de sainte endurance, pas rhétorique contrôle. Le but n'est pas de générer une réponse mais de témoigner fidèlement, de maintenir ouvert l'espace où les paroles divines peuvent résonner même longtemps après la fin du sanctuaire vide.

Le modèle prophétique d'Ézéchiel ne suppose pas de clôture. Son rouleau témoigne non pas d'une mission accomplie, mais d'une vocation préservée. Les prophètes ne réussissent pas en changeant leur public; ils perdurent en portant la Parole. Ézéchiel nous enseigne que la communication différée n'est pas un échec divin, mais plutôt une patience divine pour un dessein supérieur que discours, même si sans réponse, peut être toujours saint.

Conclusion de la première partie

Les premiers chapitres du livre d'Ézéchiel n'offrent ni réconfort ni clarté. Ils offrent une rupture, exigeant des lecteurs une préparation éthique et patiente. Ce qui manque – le dialogue, l'intimité, l'intercession – est aussi formateur que ce qui est présent: le symbole, le silence, le spectacle.

Partie I a ainsi posé l'interprétatif travail préparatoire: d'abord par explorer quoi Ézéchiel manque et débordements avec (chapitre 1), puis comment il a été reçu (chapitre 2), et enfin comment les lecteurs d'aujourd'hui sont appelés à participer dans c'est inachevé communication (Chapitre 3). La section suivante se concentrera sur les tensions et les silences qui encadrent le monde prophétique d'Ézéchiel, jusqu'aux stratégies compositionnelles et aux schémas structurels qui façonnent ses messages théologiques. Le rouleau progressera, mais sans effacer son passé: les lacunes et les excès de sa voix demeurent partie intégrante de son architecture théologique. Les lectures qui suivent s'intéresseront à ces mouvements de parole, de geste et de présence, tandis que l'architecture performative du rouleau se déploie à travers ses centraux visions et rhétorique actes. Ce qui se déroule Ce qui suit n'est pas une résolution, mais un suivi plus précis de ces mouvements où l'architecture même du livre devient un mode de prophétie discours.

Partie II
Architecture et voix
Comment parle Ézéchiel

Si la première partie examinait les asymétries, les silences, et les perturbations qui encadrent la vocation prophétique d'Ézéchiel (ce qui n'est pas dit, qui n'écoute pas et comment l'agence divine insiste néanmoins), puis la deuxième partie se tourne vers le dynamisme compositionnel du rouleau: comment il est façonné pour se déplacer, à acte, et finalement à parler avec force théologique.

Loin d'être une archive décousue de visions et d'oracles, le Livre d'Ézéchiel se déploie avec une intentionnalité architecturale rigoureuse. La structure du livre n'est pas un contenant neutre; c'est une argumentation théologique. Elle évolue rythmiquement à travers le jugement, la transition et la restauration provisoire, et non pas simplement comme un modèle littéraire mais comme un prophétique stratégie. Chaque couche de le le texte contribue à un dramatique re-narration de d'Israël l'histoire, non pas pour réaffirmer la tradition mais pour l'interrompre il.

Contrairement à d'autres textes prophétiques qui diagnostiquent l'échec de l'alliance pour ensuite répéter des cycles de repentance et de rechute, Ézéchiel va plus loin: il cherche à rompre complètement avec ce schéma. Le livre ne se contente pas d'annoncer le jugement et d'envisager la guérison. Il interroge les mécanismes théologiques qui ont conduit l'histoire d'Israël à sombrer dans un dysfonctionnement ritualisé de remords superficiels, de réformes temporaires et de rechutes, puis tente de réécrire l'alliance identité depuis dans le traumatisme d'exilé. Le livre s'oriente vers une restauration qui est non seulement tournée vers l'avenir, mais aussi structurellement et spirituellement durable.

Dans cette optique, la deuxième partie aborde le livre d'Ézéchiel non seulement comme un réceptacle de la parole divine, mais aussi comme une intelligence compositionnelle où les actes de signes, les lamentations, les séquences de vision et la poésie du jugement fonctionnent comme des instruments délibérément arrangés de théologie reconstruction. Le du prophète corps, réduit au silence et scénarisé, devient le moyen non seulement de ce que Dieu dit, mais aussi de la façon dont Dieu s'abstient de dire certaines choses bientôt.

Trois séries de questions centrales guident cette section:

Quelles structures littéraires façonnent le livre d'Ézéchiel? Comment les macrostructures et les symétries littéraires internes organisent-elles et approfondissent-elles le contenu théologique? messages du livre?

Comment les passages clés servent-ils de charnières structurelles et théologiques? Quels sont les enjeux lorsque des textes clés tels que les chapitres 10, 24, 33 et 37 perturbent l'élan rhétorique existant ou modifient le discours prophétique? tonifier?

Comment Ézéchiel réinterprète-t-il l'histoire théologique d'Israël pour briser sa pathologie récursive? types d'historique mémoire et L'imagination de l'alliance que le livre rompt, retisse ou élève et comment ces dynamiques façonnent-elles une nouvelle vision de l'identité communautaire et de la présence divine?

La deuxième partie s'ouvre par une analyse structurelle au chapitre 4, explorant la manière dont l'architecture littéraire du livre signale et met en scène ses priorités théologiques. Le chapitre 5 analyse ensuite des passages choisis qui illustrent l'intensité du genre, la performativité et les fonctions thématiques.

Ensemble, ces chapitres guident le lecteur d'une perspective aérienne vers un engagement au niveau du sol, retraçant comment la forme d'Ézéchiel devient sa voix. Dans Ézéchiel, la structure transcende le simple échafaudage; elle communique la théologie. La forme n'est pas passive; elle parle, blesse et parfois offre de l'espoir.

Chapitre 4
Comprendre les structures du livre d'Ézéchiel
Vers une architecture communicative de la prophétie

Lire le livre d'Ézéchiel, c'est faire l'expérience d'une rupture, non seulement dans le contenu, mais aussi dans la forme. Le livre résiste au développement linéaire, passant par des théophanies en char de tempête, des paraboles incarnées, des disputes juridiques, et temples plans avec petit Continuité narrative ou conclusion. Si les chapitres 1 à 24 reflètent la période entre les sièges, entre 597 et 586 av. J.-C., le livre se poursuit au-delà de la destruction de Jérusalem, culminant dans un vision daté quatorze années après c'est En substance, si Ézéchiel semble présenter une séquence chronologique avec ses oracles indiqués par des suscriptions datées, les contextes littéraires implicites de chaque passage sont, globalement, moins séquentiels qu'il n'y paraît. Au contraire, les dates marquées servent de marqueurs littéraires et théologiques, préservant la communication divine au milieu d'un temps fragmenté et d'un flux narratif perturbé.

Cartographie communicative: les quatre axes du discours prophétique

Un modèle communicatif aide à clarifier la structure de le Ne réservez pas seulement par genre ou date, mais en cartographiant les relations entre:

Expéditeur (YHWH): Le divin voix, autoritaire mais souvent retenu.

Messager (Ézéchiel/"Fils de l'homme"): Un interprète réticent plutôt qu'un personnage persuasif orateur.

Receveur (Exilés et Hiérosolymitains): Divisé, différé et majoritairement ne répond pas.

Narrateur (Ézéchiel à la première personne): Ancré temporellement mais souvent suspendu dans un "présent" prophétique.

Cette cartographie révèle une structure marquée non par la symétrie, mais par un décalage. La communication est souvent incomplète, ses effets sont retardés et ses intentions sont préservées plutôt que mises en pratique. Voici des illustrations plus détaillées.

La structure communicative d'Ézéchiel: la parole divine et l'auditoire retenu

Le livre d'Ézéchiel s'articule autour d'un système de communication complexe, stratifié, différé et souvent asymétrique. Si la parole divine imprègne le rouleau, ses destinataires restent étrangement silencieux ou indéfinis. Les ordres sont fréquents, mais les confirmations, rares. Il en ressort un drame prophétique qui se déploie non pas par le dialogue interpersonnel, mais par la retenue, l'abstraction et une intensité préservée.

Au cœur de cette structure se trouvent quatre agents de communication: l'Émetteur (YHWH), le Messager (Ézéchiel), les Récepteurs (les Judéens en exil et à Jérusalem) et le Narrateur. Leurs interactions ne sont pas organisées par symétrie ou clôture, mais par décalage et suspense. La communication est souvent incomplète, ses effets différés et ses intentions préservées plutôt que concrétisées.

YHWH l'Envoyeur: Parole sans interlocuteurs

Tout au long du livre, YHWH s'adresse avec constance, souvent longuement et avec précision, mais exclusivement à Ézéchiel. On ne trouve aucun témoignage de conversation directe entre Dieu et l'homme au-delà de ce canal prophétique. Même les oracles de jugement urgents sont prononcés sans boucle de rétroaction visible, et YHWH reconnaît à plusieurs reprises le refus ou l'incapacité du peuple à entendre (2:5; 3:7). La parole divine n'est pas absente, mais inaccessible.

Plus frappant, cependant, est l'engagement profond de YHWH à rester discret. Le Dieu d'Ézéchiel ne se contente pas de prononcer un jugement; il retient sa propre compassion. Contrairement au Dieu d'Isaïe, qui revient avec miséricorde, ou à celui de Jérémie, qui s'ouvre au deuil, le Dieu d'Ézéchiel retient même sa tendresse divine. Cette retenue ne doit pas être confondue avec de l'indifférence. Elle reflète plutôt un refus délibéré de consoler prématurément, une stratégie divine pour éviter de saboter la transformation plus profonde requise. Le silence de YHWH n'est pas passif; il est chargé d'intention théologique, résistant à la tentation de réconforter trop tôt. Dieu retient non pas pour abandonner, mais pour préparer une création qui ne doit émerger qu'après que la dévastation aura accompli son œuvre nécessaire.

Ézéchiel le messager: obéissant mais réduit au silence

Ézéchiel agit comme messager, mais son rôle est davantage marqué par la réception que par la transmission. Il reçoit l'ordre de parler et d'agir, mais le texte confirme rarement son accomplissement. Des gestes symboliques, comme la mise en scène du siège (chap. 4) ou la reconstitution de l'exil (chap. 12), sont décrits, mais non racontés tels qu'ils ont été accomplis. D'autres, comme la mort de sa femme (chap. 24), sont à la fois mis en scène et interprétés. Ce récit inégal révèle que l'activité prophétique d'Ézéchiel n'a pas pour but de modéliser l'exécution, mais de scénariser l'imagination théologique.

De plus, le mutisme d'Ézéchiel (3:26) et sa retenue physique (4:8) suggèrent que même lorsque la communication est ordonnée, elle est souvent retardée, détournée ou symboliquement altérée. C'est un prophète appelé à parler, mais privé de parole. Ce que nous recevons n'est pas la transcription d'une action, mais le parchemin d'une performance différée, destinée non pas à une réponse immédiate, mais à une reconnaissance future. Ainsi, la tâche d'Ézéchiel n'est pas d'imposer le changement, mais de préserver le sens sous une forme qui survivra à l'effondrement de l'écoute immédiate.

Récepteurs: lacunes, aperçus et destinataires en voie de disparition

Ézéchiel réside parmi les exilés (3:15), mais la plupart des oracles des chapitres 1 à 24 s'adressent à ceux qui sont encore à Jérusalem. Si les anciens viennent parfois le trouver (8:1; 14:1; 20:1), la communauté reste largement silencieuse. Le rouleau ne contient aucun récit détaillé de réponse, aucune repentance collective et peu d'échanges interpersonnels.

Seuls trois passages décrivent explicitement une communication prophétique atteignant le peuple:

En 11:25, Ézéchiel rapporte sa vision aux anciens, ce qui implique un certain niveau de réception.

En 12:9, le peuple assiste à un acte symbolique et demande: "Que faites-vous?" YHWH cite leur question et en fournit une interprétation par l'intermédiaire d'Ézéchiel. Pourtant, leur voix est recadrée, sans être enregistrée directement.

En 24.24–27, le peuple réagit au deuil soudain (et restrictif) du prophète, en demande la signification et reçoit une explication. C'est là le seul cercle vicieux: message divin, médiation prophétique et réponse communautaire.

Après la chute de Jérusalem, la voix d'Ézéchiel est rétablie (33:22). Pourtant, même alors, le silence narratif reprend. Les oracles de restauration ultérieurs ne sont pas décrits comme reçus ou accomplis. Plus particulièrement, la vision du temple, aux chapitres 40 à 48, est introduite par l'ordre d'"annoncer tout cela à la maison d'Israël" (40:4) et se termine sans public visible. La ville est mesurée. Les portes sont nommées. Mais aucune oreille humaine n'est présente. Le lecteur implicite est laissé à lui-même pour hériter du message.

Cette évaporation progressive du public remet en question les idées reçues sur la communication prophétique. Ézéchiel n'est pas un livre de persuasion. C'est un rouleau scellé, attendant d'être ouvert par ceux qui sont encore capables d'entendre.

Temps narratif et retard théologique

Ézéchiel est inhabituellement saturé de formules de dates, notant souvent l'année, le mois et le jour des rencontres divines (par exemple, 1:1-2; 8:1; 20:1; 24:1; 33:21; 40:1). Ces horodatages ne servent pas à faire avancer l'intrigue, mais à marquer le passage de la révélation dans un temps suspendu. La communication se déploie dans la vision, non dans le dialogue, dans la performance symbolique, ni dans la résolution d'événements.

En exil, la communauté d'Ézéchiel vit dans une temporalité où les dates sont marquées mais non vécues. Les rythmes cycliques des fêtes de pèlerinage et des rassemblements d'alliance sont absents. Dans un tel vide, la précision du prophète prend un autre registre. Ces notations ressemblent moins à un calendrier liturgique qu'à une stratégie de survie. À l'image de Robinson Crusoé comptant les jours après un naufrage, Ézéchiel marque le temps comme un acte de résistance contre l'effacement historique. Ce parchemin ne réagit pas à une crise; il archive plutôt la présence divine pour un avenir qui pourra l'accueillir.

La dernière date, en 40:1, se situe quatorze ans après la chute de la ville. Comme mentionné précédemment, ce qui suit n'est pas un message de restauration immédiate, mais une vision soigneusement élaborée dont la transmission reste non documentée. Cette rétention théologique renforce la structure durable du rouleau: ce qui est dit est préservé, pas nécessairement reçu.

En somme, l'architecture communicative d'Ézéchiel met en œuvre ce qu'elle proclame: la parole divine peut être pleinement exprimée, mais jusqu'à ce que l'auditeur rencontre certaines circonstances, comme la chute de la nation, le message s resterait en grande partie suspendu. YHWH parle non pas pour provoquer une repentance et une restauration immédiates, mais pour amorcer un long travail de recréation. Le prophète ne se contente pas de transmettre un contenu; il participe à un processus de déconstruction, à un démantèlement stratégique des hypothèses héritées sur le temple, l'alliance et la communication. Ce n'est qu'alors qu'une nouvelle création de personnes, de villes, de terres et de temples peut émerger, non pas comme une restauration de l'ancien, mais comme une transformation vers la pérennité.

Même si le livre se conclut sans interlocuteur humain spécifique, il captive néanmoins le lecteur. L'absence de public au sein du récit permet au lecteur d'y entrer, non seulement en tant qu'observateur, mais aussi en tant que personne même à laquelle il s'adresse. Le Livre d'Ézéchiel Ce texte est peut-être préservé non pas pour son public d'origine, mais pour ceux qui ont pu le recevoir après l'effondrement de la communication directe. Sa réception différée invite le lecteur à une double tâche: reconstruire le sens à partir de fragments théologiques et y répondre, non par une émotion réactive, mais avec une attention soutenue. La question finale n'est pas de savoir si le public écoutait alors, mais si le lecteur écoutera aujourd'hui.

Structures de silence et d'intensité

Plutôt que de progresser en un arc fluide du jugement à la restauration, le livre d'Ézéchiel se déroule par impulsions: ouvertures visionnaires (chap. 1), silences et silences (chap. 3), oracles de jugement prolongés (chap. 4-24), brusques changements d'espoir (chap. 33-39), et enfin, visions méticuleusement mesurées d'un sanctuaire et d'une terre renouvelés (chap. 40-48). Ces sections ne résolvent pas ce qui précède; au contraire, elles intensifient l'instabilité de la présence divine et de la responsabilité humaine.

La structure du livre met en œuvre ce que son contenu raconte: rupture, retrait, retour et imprévisibilité. Les chapitres clés (10, 24, 33 et 37) ne constituent pas des transitions fluides, mais des ruptures théologiques. Ils interrompent le flux rhétorique et exigent une reconsidération éthique et liturgique. Ce sont des seuils, et non des conclusions.

Tropes structurels: quand l'architecture devient théologie

L'architecture d'Ézéchiel, à la fois littéraire et spatiale, est elle-même théologique. Ses dispositifs structurels ne sont pas seulement ornementaux, mais performatifs:

Visions d'ouverture et de clôture (ch. 1 et ch. 40–48): De la gloire mobile aux mesures statiques, un mouvement de l'approche divine à la délimitation divine.

Refrains répétés ("Alors ils sauront que je suis YHWH"): Non pas une conclusion, mais un refrain de reconnaissance différée.

Chiasmes et échos: l'effondrement n'est pas envisagé comme une finalité, mais comme un renversement et une redirection.

De cette façon, le livre fonctionne comme une sorte de sanctuaire textuel. Il s'ouvre sur la présence divine en exil et se termine par une vision cartographiée d'un espace réorganisé. Il ne s'agit pas d'une simple œuvre littéraire; c'est une chorégraphie liturgique. Le parchemin ne résout pas le traumatisme; il le spatialise, préservant l'intention divine par la forme.

Contrairement aux interactions prophétiques d'Isaïe (avec les rois) ou au dialogue émotionnel de Jérémie (avec Dieu), la prophétie d'Ézéchiel refuse l'immédiateté. Son discours est guidé par la discrétion divine, et non par une technique rhétorique. Comme l'indique Ézéchiel 3:26-27, "Je fixerai ta langue à ton palais... mais quand je te parlerai, je t'ouvrirai la bouche." Cet acte de parole maîtrisé marque un passage de la persuasion en temps réel à la prophétie archivistique; il est conçu non pas pour susciter un repentir immédiat, mais pour survivre au jugement.

Ézéchiel apparaît ainsi comme un prophète sans public, mais dont le silence est chargé de sens théologique. Son mutisme forcé n'est pas un défaut, mais une stratégie. Il transforme le rouleau en un dépôt de sens différé, une archive en mouvement attendant une rencontre ultérieure.

Et cela introduit un ajout crucial au schéma communicatif: le lecteur. Là où la parole n'atteignait pas le public initial, elle s'adresse désormais directement au lecteur, non pas comme un spectateur neutre, mais comme un héritier du fardeau et des possibilités du parchemin. L'interprétation devient l'acte de répondre à un message une fois celui-ci suspendu. Le lecteur devient le nouvel acteur d'un drame qui n'a jamais été clos.

En classe: Visualiser la forme théologique

Ce chapitre invite à des approches pédagogiques qui attirent l'attention sur la forme en tant que contenu.

Exercice de cartographie structurelle: demandez aux élèves de retracer le flux rhétorique du livre à travers ses trois unités principales (jugement, transition, restauration), en notant où les transitions faiblissent ou implosent.

Reconstruction du public: Demandez à de petits groupes de définir l'orientation rhétorique: à qui s'adresse le sujet, qui entend, qui répond? Comment cela évolue-t-il entre les chapitres 4, 12 et 33?

Prédication: Quand la forme refuse la conclusion

Prêcher Ézéchiel, c'est prêcher à partir d'une structure inachevée. Le rouleau nous enseigne que la parole divine n'est pas toujours linéaire ou persuasive; elle peut au contraire être conservé, mis en scène, ou mesuré. Le Le prédicateur ne se présente pas comme un interprète d'un sens résolu, mais comme un témoin d'un dessein sacré dans processus.

Ézéchiel propose une homilétique de construction sans aboutissement. Son rouleau se termine non pas par une restauration collective, mais par une présence divine nommée YHWH *Shammah*. Il s'agit d'une prédication non pas de solution, mais d'un échafaudage sacré: une confiance fondée sur le silence, un projet dessiné en exil et un espoir mesuré dans un espace inhabité.

Chapitre 5
Lecture d'Ézéchiel passage par passage

S'appuyant sur l'exploration des chapitres précédents sur le déplacement théologique et la dynamique fracturée du public, ce chapitre lit Ézéchiel passage par passage pour honorer la tension, le retard et l'urgence théologique intégrés dans son architecture.

Ézéchiel ne fait pas communiquer avec un Communauté réceptive. Son univers prophétique n'est pas dialogique, mais protecteur. Les paroles divines sont prononcées, non pas pour être reçues en temps réel, mais pour être enregistrées, préservées et finalement mémorisées. Ce qui pourrait apparaître comme une dislocation rhétorique est en réalité une stratégie théologique délibérée: une communication différée qui protège l'autorité du rouleau de l'instabilité de ses destinataires humains.

Ce chapitre met non seulement en lumière le thème du délai, mais explore également l'importance cruciale d'un tel report. Il propose une réponse convaincante, fondée sur les principes de l'alliance énoncés dans Lévitique 26, qui sont au cœur de la tradition H. Lévitique 26 décrit le cheminement de l'exil à la restauration non pas comme un retour brutal, mais comme un processus impliquant une réflexion morale, une confession collective et un souvenir divin. Le livre d'Ézéchiel adapte cette théologie à son propre contexte. L'exil est déjà une réalité; la question urgente n'est donc plus de savoir quand la restauration aura lieu, mais plutôt comment éviter de retomber dans le désespoir.

Ainsi, au chapitre 5, nous lisons les passages d'Ézéchiel non seulement comme des réponses tiques au traumatisme, mais aussi comme des modèles de résilience. Le livre d'Ézéchiel regorge de visions architecturales, de contraintes comportementales et de réaménagements spatiaux qui ne visent pas à célébrer un retour au passé, mais à à Préserver l'avenir. Le rouleau devient le petit sanctuaire temporaire promis par YHWH en 11:16, non pas un lieu de culte, mais un palais de mémoire et de sainteté, conçu pour résister à la rechute.

Pour guider un engagement étroit avec chaque unité d'Ézéchiel, ce chapitre suit une structure récurrente à travers les passages: *Temps littéraire, Flux communicatif, Symboles et mots-clés, Forme et genre, Fonctions thématiques, En classe* et *Perspectives de prédication.* Ce cadre permet à la fois de mettre en lumière les nuances littéraires et les résonances théologiques, invitant à l'analyse académique ainsi qu'à l'application pédagogique et pastorale.

Ézéchiel 1–3: Prophétie sans réponse

Ézéchiel 1–3 ouvre avec une rupture cosmique. Le prophète ne plaide pas ou proteste; il contemple. Dans une théophanie de char de tempête, la présence divine fait irruption en exil, non pas pour réconforter les déplacés mais à conscrit un messager dans un mission de réception différée. Ces chapitres constituent un seuil, non seulement pour le ministère d'Ézéchiel, mais aussi pour l'orientation interprétative du lecteur. Dès le début, le livre subvertit les attentes d'une prophétie en tant que dialogue, proposant plutôt une approche centrée sur la vision, médiatisée par le corps et préservant le texte vocation.

Temps littéraire

Les visions d'Ézéchiel ne se déroulent pas selon un temps linéaire. Elles forment plutôt un réseau de révélations théologiques dont le sens est souvent dissimulé, réorganisé ou révélé rétrospectivement. Il ne s'agit pas là d'une simple fonction chronologique, mais d'une stratégie littéraire de reconnaissance différée, qui exige la participation du lecteur à la reconstruction de l'ordre de la communication divine.

Un exemple clé apparaît dans la vision d'ouverture d'Ézéchiel 1. Le prophète y découvre une théophanie bouleversante: une tempête, une nuée de feu et le trône divin porté par des créatures vivantes hybrides, descendant non pas sur Sion, mais par le canal du Kebar. Ce trône mobile, d'une gloire éclatante, pourtant disloqué, apparaît sans explication. Aucune justification contextuelle n'est donnée quant à la raison pour laquelle la gloire divine a quitté son emplacement prévu. La vision éclate, mais son sens reste en suspens.

Un an plus tard seulement, dans Ézéchiel 8-11, le récit revient à Jérusalem. Dans cette vision, datée de la sixième année après le début de l'exil (cf. 8:1), le mystère commence à se résoudre. Dans le temple même, le prophète est témoin de rites idolâtres, d'une direction corrompue et d'une escalade des abominations. Ézéchiel 10 décrit le trône même d'Ézéchiel 1 s'élevant du Saint des Saints et s'éloignant vers l'est. Ce qui était autrefois devenu un mystère est maintenant visible: non pas une éruption fortuite, mais une réponse à la violation de l'alliance.

Ainsi, la théophanie divine d'Ézéchiel 1 ne reçoit son contexte interprétatif qu'après coup. Ce qui apparaît initialement comme une gloire inopinée devient rétroactivement intelligible comme un retrait divin. Le texte opère ainsi une sorte de rétrospection théologique, invitant le lecteur à revenir à la vision antérieure et à la réinterpréter en tenant compte de ce qui est révélé ultérieurement. La révélation dans Ézéchiel n'est pas simplement séquentielle; elle est récursive.

En résumé, la structure temporelle d'Ézéchiel ne guide pas le lecteur en douceur à travers les étapes de compréhension. Elle choque d'abord, puis s'explique. La vision d'Ézéchiel 1 fonctionne non pas comme une introduction, mais comme une provocation; sa cohérence théologique est maintenue jusqu'à ce que la logique rétrospective des chapitres 8 à 11 recontextualise la mobilité divine comme un départ critique. C'est à travers ce rythme disjonctif, la présence divine d'abord, l'abandon du temple ensuite, que le rouleau enseigne à son public non seulement ce que Dieu fait, mais aussi comment le sens divin doit être patiemment discerné. Ce qui est d'abord perçu dans la gloire doit être revu dans la douleur. Ce qui surgit dans la vision doit être enduré en silence avant d'être compris dans le récit.

Flux communicatif

Dieu parle, mais pas à Israël. La séquence d'ouverture est structurée selon un axe vertical: la voix divine descend, le prophète est saisi, mais personne d'autre ne l'entend. YHWH confie sa mission à Ézéchiel, l'avertit des cœurs endurcis qu'il rencontrera et le réduit au silence (3:26). Cette approche n'est pas une approche de persuasion; elle incarne plutôt une théologie de l'éloignement. La communication existe, mais elle est désaxée: YHWH vers Ézéchiel, puis Ézéchiel vers un autre futur public, avec une signification qui reste à dévoiler. Le parchemin n'est pas destiné à changement esprits, mais plutôt à servir comme un témoin préservé.

Forme et genre

La composition littéraire d'Ézéchiel 1 à 3 témoigne d'une interaction complexe de genres distincts, incluant notamment une vision du trône (chap. 1), un récit de mission (chap. 2 et 3) et un élément de silence rituel (chap. 3). Ce mélange de genres multidimensionnel enrichit non seulement la profondeur théologique du texte, mais souligne également le rôle unique du prophète et la nature de son mandat divin. La rencontre d'Ézéchiel reflète la vision du temple d'Isaïe et l'appel de Jérémie, mais son ampleur sensorielle est inégalée. La vision du parchemin est littéraire hybridité à c'est Un sommet, combinant liturgie sacerdotale, symbolisme apocalyptique et terreur prophétique. Ézéchiel est moins un agent actif qu'un réceptacle, submergé et animé par la présence divine.

Symboles et mots-clés

Le char (*merkavah*) dans Ézéchiel 1 n'est pas un véhicule de transport mais un trône mobile, représentant la souveraineté divine, la mobilité et le contrôle cosmique. Elle descend plutôt qu'elle ne monte, marquant l'initiative divine et sa présence perturbatrice. Loin de se conformer à une géométrie anthropocentrique, la mobilité divine affiche non-linéarité, simultanéité et propulsion multidirectionnelle, résistant à tout cadre de mouvement ou de signification singulier. La structure composite de la *merkavah* évoque le mystère: sa forme de trône représente YHWH non pas simplement assis, mais intronisé en mouvement, régnant tout en se déplaçant, souverain mais libre.

Les roues "pleines d'yeux [*'eynayim*] tout autour" (1:18) symbolisent l'omniscience divine et fonctionnent comme un miroir anticipant la vocation prophétique d'Ézéchiel. Le prophète ne doit pas se contenter de voir, mais devenir voyant, devenir la vigilance incarnée. La prolifération des yeux déstabilise toute notion de surveillance fixe; au contraire, la vision opère de manière globale, rendant le prophète responsable sur le plan éthique et perceptif.

Le rouleau (*méguila*) qu'Ézéchiel reçoit (2:9– 3:3) est à la fois doux comme du miel et rempli de "lamentations et deuil et malheur" (2:10). Il est à être consommé, non proclamé, un texte intériorisé qui, paradoxalement, prépare le prophète à la parole en le réduisant d'abord au silence. Le rouleau est donc un paradoxe performatif: il contient discours mais parle seulement à travers digestion; il se lit intérieurement, et non à voix haute. Cela renvoie à une théologie de la révélation incarnée, où la parole divine doit devenir prophétique chair.

Dès sa vision d'ouverture, le Livre d'Ézéchiel présente la présence divine à travers des métaphores contradictoires, imposantes mais retirées, intimes mais inaccessibles. Ce qui pourrait apparaître comme une incohérence syntaxique ou grammaticale est en réalité un signe de la résistance du texte à une représentation anthropomorphique stable. Ce refus apparaît dès la théophanie inaugurale, où les structures linguistiques elles-mêmes résistent à l'assignation binaire.

Dans Ézéchiel 1-2, des incohérences grammaticales apparaissent: des sujets féminins sont associés à des verbes masculins, ou inversement. Il ne s'agit pas d'erreurs; ce sont des signes linguistiques d'un excès théologique. Comme le feu et la glace coexistant sans s'annuler, ou comme des créatures vivantes se déplaçant sans tourner tandis que les roues tournent dans l'une des quatre directions (1:12, 1:17), la présence divine est rendue par un paradoxe. Elle est à la fois directionnelle et non dirigée, mobile et intronisée, imposante et silencieuse. L'appel d'Ézéchiel reflète cette tension. Il lui est demandé de "proclamer" et de "fermer la porte" à la fois, de rester immobile comme une sentinelle tout en évoluant avec l'esprit. Ces contradictions ne sont pas des défauts, mais des caractéristiques essentielles de la vision, dramatisant une réalité qui dépasse la dimension humaine.

Le texte nous invite alors à considérer cela comme une désorientation intentionnelle. De même que l'espace tridimensionnel résiste à une représentation complète en deux dimensions, la gloire divine, ce qu'Ézéchiel appelle "l'apparence de la ressemblance de la gloire de YHWH", est décrite par des images superposées et instables. Il ne s'agit pas de simples métaphores; ce sont des tentatives de retracer une présence qui déborde le langage, le genre et l'espace. Il n'en résulte pas une incohérence théologique, mais une forme de révélation qui révèle par rupture. Le prophète ne maîtrise pas la vision; il est détruit par elle, devenant son instrument plutôt que son interprète.

Fonctions thématiques

La sainteté prend un caractère dynamique; la parole devient inflexible. Au lieu de se concentrer sur la prophétie missionnaire, Ézéchiel 1-3 introduit la vocation sans attendre de réponse de l'auditoire. YHWH affirme clairement: "Ils n'écouteront pas… mais ils sauront qu'un prophète a été parmi eux" (2:5, 3:7). Cette déclaration redéfinit le succès prophétique comme la présence perceptible du divin, même face au rejet, plutôt que comme une simple incitation à la repentance. Le silence du peuple n'est donc pas un signe d'échec. La prophétie se transforme en preuve plutôt qu'en argument; elle incarne la présence plutôt que la persuasion.

Dans la salle de classe

Ce passage présente de riches opportunités pour mettre en œuvre une pédagogie multisensorielle:

Théophanie visuelle: Les élèves peuvent s'engager dans un projet créatif en dessinant ou en construisant un char, ce qui leur permet d'explorer et de réfléchir à des thèmes théologiques profonds tels que la mobilité, le mystère et la souveraineté divine. Cette activité pratique les encourage à visualiser et à intérioriser des concepts abstraits de manière concrète.

Performance Silence: Dans une mise en scène dynamique, un élève peut prononcer les paroles de YHWH, tandis qu'un autre incarne Ézéchiel, gardant un profond silence tout en tenant un parchemin symbolisant le poids du message prophétique. Cette juxtaposition de parole et de silence peut approfondir la compréhension des rôles et des relations entre le divin et le prophète.

Rituel d'initiation: Le silence délibéré de sept jours du prophète (Ézéchiel 3,15) peut être interprété comme une représentation symbolique de la liminalité sacerdotale, faisant écho aux thèmes de Lévitique 8,33. Ce cadrage positionne Ézéchiel non seulement comme un messager, mais aussi comme un intercesseur rituellement suspendu, soulignant la complexité de son rôle au sein du récit sacré. Cette exploration invite les étudiants à considérer le pouvoir transformateur du silence et les implications spirituelles plus profondes de l'expérience d'Ézéchiel.

Prédications et idées

L'appel d'Ézéchiel ne commence pas dans le temple, mais dans La terre des déplacements forcés. YHWH n'apparaît pas à Sion, mais près du canal du Kebar, un lieu impur parmi les exilés. C'est le premier scandale: la gloire de Dieu ne descend pas sur le trône de Jérusalem, mais parmi les déportés, en terre étrangère. Pour le prédicateur moderne, cela pose un défi radical: pouvons-nous faire confiance à la présence divine dans les lieux où l'on nous a appris à nous attendre à son absence?

Ézéchiel n'est pas appelé comme orateur public, mais comme un observateur stupéfait, figé par la vision, submergé par la gloire et réduit au silence par l'ordre. Il est nommé prophète au moment même où sa bouche est fermée. Il doit parler à un peuple qui ne veut pas l'entendre, et pourtant il lui est ordonné d'ingérer le rouleau. La tâche prophétique commence donc non par des paroles, mais par une digestion incarnée, par l'intériorisation du jugement et des lamentations.

Ézéchiel 1-3 redéfinit la prédication non pas comme une proclamation persuasive, mais comme un déplacement fidèle. Le prédicateur n'est pas immédiatement envoyé pour proclamer, mais d'abord pour être défait, pour s'asseoir là où siègent les exilés (cf. 3:15), et à ours le poids d'un message Non un peut Croire. Dans cet espace, le ministère ne se résume pas à des réponses, mais à une gestion de l'étrangeté divine, à une volonté d'être imprégné de la Parole avant même de parler il.

Prêcher Ézéchiel, c'est entrer dans un espace de retard théologique: croire que le rouleau sera Ouvert dans le temps, ce silence n'est pas l'absence de vocation, mais sa forme gestationnelle. L'urgence du prophète ne se mesure pas par son volume, mais par sa présence.

Dans Ézéchiel 1-3, nous sommes invités à considérer que l'appel divin peut commencer en exil, rester sans réponse et être toujours saint.

Ézéchiel 4-7: Le chemin vers la fin

Ézéchiel 4-7 marques le du prophète d'abord La réception enregistrée d'un commandement divin d'action publique. Pourtant, le texte reste muet sur la question de savoir si ces performances étaient exécuté ou comment ils étaient reçus. Par conséquent, au lieu d'un véritable engagement public, Ézéchiel 4-7 illustre l'acte assigné de prophétie, rapportant l'intention divine plutôt que de la transmettre.

Temps littéraire

Contrairement à Ézéchiel 1-3, cette unité manque de dates explicites, créant un moment de suspension temporelle. Pourtant, parce qu'elle suit immédiatement la vision inaugurale datée (1:1–3:15), les actions prophétiques d'Ézéchiel 4-7 se situent implicitement au début du ministère d'Ézéchiel. L'absence de nouvelles dates signale une sorte de temps prophétique figé, un présent prolongé où les premiers jugements commencent à prendre forme visiblement, mais sans mouvement narratif. Le poids de l'avertissement divin s'intensifie, mais n'est pas encore résolu.

Cette suspension temporelle remplit une fonction littéraire: elle génère une pression. Ézéchiel 4-7 ne se contente pas de prolonger la mission inaugurale; il l'intensifie. Les signes dramatiques du prophète, ses oracles de malheur et ses catalogues d'effondrement national mènent tous à un crescendo narratif et théologique, qui éclatera dans la détonation visionnaire d'Ézéchiel 8-11. Dans cette dernière unité, Ézéchiel est transporté à Jérusalem, où la source de la colère divine est enfin exposée: les abominations dans le temple, la corruption parmi les dirigeants et la disparition choquante de la gloire de YHWH.

Du point de vue du lecteur, Ézéchiel 4 à 7 agit comme le ressort narratif qui se resserre. Le texte crée une tension par l'intensité. Il atteint un sommet silencieux, préparant la voie à la vision explosive d'Ézéchiel 9, où le jugement commence, et d'Ézéchiel 10, où le char-trône quitte le temple. Ainsi, même si ces chapitres ne relèvent pas du genre visionnaire, ils servent de tremplin théologique à ce qui suit.

Du point de vue du temps littéraire, Ézéchiel 4-7 fonctionne comme le calme avant la tempête, calme seulement dans la structure, non dans le ton. Leur absence de date masque leur urgence, même s'ils portent le premier jugement mis en acte du rouleau vers son dévoilement culminant. Le résultat est une unité qui semble suspendue et pourtant dense en mouvement, avançant non pas avec vitesse, mais avec poids.

Flux communicatif

D'Ézéchiel prophétique commission se déroule à travers un série d'asymétrique échanges entre YHWH et le prophète, ce qu'on peut appeler une communication sans réponse, et pourtant non sans communion.

Dans Ézéchiel 4–5, YHWH problèmes une série de précis, performatif commandes: construire une scène de siège miniature en utilisant des briques et du fer (4:1–3); mentir sur son gauche et droits côtés pour un exact nombre de jours (4:4–8); manger du pain rationné cuit initialement sur des excréments humains (4:9–17); et lui raser la tête et diviser ses cheveux par le feu, l'épée et la dispersion, en ne conservant que quelques mèches (5:1–4).

Ces gestes ne sont pas simplement symbolique; ils sont des actes communicatifs qui encodent le jugement divin sur le corps du prophète. Ils dramatisent le siège, la famine, la honte, et exilé. Encore là est non-mention d'un public. La performance est donnée mais pas reçu à moins invisiblement. Ézéchiel devient à la fois messager et messager, un porteur silencieux de la fureur divine mise en scène devant un public absent ou insensible publique.

Et pourtant, la communication n'est pas à sens unique. En 4:14, Ézéchiel s'interrompt: "Ah ! Seigneur YHWH ! Voici, je ne me suis jamais souillé…" Cette brève protestation concernant le combustible rappelle au lecteur que le prophète n'est pas une marionnette muette. Il résiste. Il modifie. Et, chose remarquable, YHWH cède, remplaçant les excréments humains par de la bouse de vache (4:15). Ce moment, aussi bref soit-il, révèle que la communication divine en exil inclut la négociation. Le théâtre n'est pas vide de voix; il est empreint de lutte.

Ézéchiel 6-7 change radicalement de ton et de forme. Le prophète disparaît en tant que personnage, et la voix de YHWH domine la scène: "Ils sauront que je suis YHWH." (6:7, 10, 13, etc.)

Le langage devient oraculaire et réitératif, rempli avec refrains de divin reconnaissance, jugement, et la destruction. Ces monologues sont marqués par une intensité rhétorique et une conclusion littéraire, mais, une fois encore, aucun public humain explicite n'est montré en train de réagir. La communication devient ici saturée mais non reçue, un soliloque divin résonnant dans les ruines.

Ensemble, Ézéchiel 4–7 présente un prophétique mode dans lequel la communication est actée, et non supposée. Elle est performative, contestée et souvent unilatérale protestation dans chapitre 4, le tactile Le rituel de la division des cheveux au chapitre 5 et les déclarations incessantes des chapitres 6-7 témoignent tous d'un monde théologique dans lequel la Parole se meut même si personne n'entend.

Forme et genre

Le passage mêle action symbolique et oracle parlé: les actes-signes dominent les chapitres 4 et 5, comme le siège de briques, la posture et la souillure rituelle. Les formes oraculaires réapparaissent aux chapitres 6 et 7, notamment les procès d'alliance (6:1-10) et les chants funèbres (7:1-27). Cette structure hybride brouille les frontières entre prophétie et théâtre, où le jugement est autant répété que proclamé.

Symboles et mots-clés

Ézéchiel 4-5 déploie une série de signes incarnés qui fonctionnent comme des mises en scène symboliques du jugement national. Chaque acte résonne avec l'imagerie de l'alliance et contribue à un portrait cumulatif de la désintégration.

Le prophète reçoit d'abord l'instruction de dessiner Jérusalem sur une brique et de placer une plaque de fer entre lui et la ville (4:1–3), symbolisant à la fois le siège imminent et l'impénétrabilité divine qui sépare désormais YHWH du peuple. Il s'allonge ensuite sur le côté (390 jours pour Israël et 40 pour Juda [4:4–8]), portant visuellement la durée de la culpabilité de chaque royaume. Le pain rationné et le combustible impur (4:9–15) dramatisent l'extrême pénurie et la souillure rituelle de l'exil. Enfin, dans un geste brutal de fragmentation de l'alliance, Ézéchiel se coupe les cheveux avec une épée, les divisant en trois: l'un brûlé, l'autre dispersé, et l'autre conservé brièvement avant même d'être jeté au feu (5:1–4). Chaque mouvement du corps du prophète devient un texte prophétique en soi.

Ces signes ne sont pas arbitraires. Ils font écho aux avertissements de l'alliance de Lévitique 26 et Deutéronome 28, où la désobéissance mène à la famine, à la défaite, à la profanation et à l'exil. Dans la performance d'Ézéchiel, le corps devient une scène où l'effondrement national est prédit, non seulement décrit, mais mis en scène.

Fonctions thématiques

À travers le corps immobilisé et défiguré d'Ézéchiel tâches, YHWH communique le Le coût irréversible de l'abandon de l'alliance. Ces actes symboliques ne sont pas des représentations illustratives, mais des performances destructrices, destinées à couper court à la nostalgie résiduelle du public exilé pour Jérusalem.

Le sort des cheveux du prophète en 5:1–4, brûlés, frappés, dispersés, et dont un reste fut jeté au feu, reflète plus qu'une désintégration politique. Il témoigne d'un désespoir théologique: même les épargnés sont consumés. Il n'existe pas de catégorie précise de "survivant". En transformant Ézéchiel en dans les deux un signe et un site de dévastation, le le texte désoriente les espoirs de restauration ou de vestige sécurité dans un futur proche.

Cette désorientation s'accentue jusqu'à devenir définitive dans Ézéchiel 7. Là, la déclaration répétée "La fin est venue... la fin est venue" (7:2–6) fonctionne comme un anti-climax liturgique, contredisant toute attente selon laquelle ce jugement est un simple épisode. La rhétorique annonce non pas une punition cyclique, mais une clôture irréversible, une rupture théologique sans retour. Contrairement aux cycles prophétiques précédents où la destruction se transforme en espoir, ici se l'abstenir s'intensifie: "Le fin a viens" n'est pas une transition; c'est la final.

Dans Ézéchiel 4-7, la colère divine n'invite pas à la résolution mais demandes compte. Le prophète est fait pour incarner ce calcul (paralytique, affamé et rasé) non pas pour restaurer la mémoire, mais pour annuler la mémoire sentimentale tout à fait.

Dans la salle de classe

Invitez les élèves à cartographier les actes symboliques d'Ézéchiel dans la chronologie allant de la déportation d'Ézéchiel à la chute de Jérusalem (597-586 av. J.-C.). Quand le siège a-t-il commencé? Quand le temple a-t-il été détruit? Comment fait la durée de d'Ézéchiel couché vers le bas se croisent avec ces politiques nationales traumatismes?

Attribuez des rôles pour une lecture théâtrale: YHWH, Ézéchiel et une foule silencieuse observatrice. Encouragez les élèves à remarquer le déséquilibre entre le pouvoir et la voix: qui parle? Qui écoute? Qui réagit? Laissez le silence du "public" devenir un espace d'interprétatif tension plutôt qu'absence.

Guidez les élèves pour qu'ils interprètent chaque action comme une proposition théologique. Que signifie manger de la nourriture rationnée tout en utilisant du fumier comme combustible? Quelles émotions surgissent lorsque l'on exerce un jugement sans réponse?

Attribuez à chaque élève le rôle d'une mèche de cheveux d'Ézéchiel (cf. 5:1-4): une mèche à brûler, une autre à frapper avec une épée, une autre à disperser au vent, une autre à cacher dans le pli du peignoir, un plus tard jeté dans le feu. Invitez-les à s'exprimer ou à écrire à partir de cette position: Que ressent-on lorsqu'on est épargné tout en étant en danger? À quoi ressemble le jugement lorsqu'il ne fait pas de distinction? Que se passe-t-il? quand toi sont partie d'un reste maintenant, pour être bientôt rejeté dans la destruction?

Cet exercice concret permet aux élèves de confronter l'ambiguïté théologique des actions d'Ézéchiel, non seulement en les interprétant comme des symboles, mais en s'imprégnant de leur désorientation. Enseigner Ézéchiel 4-7 par une approche théâtrale et empathique ouvre un espace de réflexion théologique et d'imagination prophétique en exil.

Prédications et idées

Ézéchiel 4-7 confronte les prédicateurs à un paradoxe: comment proclamer un message annonçant la "fin" sans céder au désespoir? Le refrain du chapitre 7 ("La fin est venue, la fin est venue sur les quatre coins du pays" [7,2]) est liturgiquement austère et théologiquement définitif. Pourtant, prêcher à partir de ce passage ne nécessite pas de prononcer le désespoir. Il exige plutôt une transformation homilétique courageuse: nommer la fin de telle manière qu'elle prépare le commencement de quelque chose de saint.

Pour Ézéchiel, "la fin" n'est pas seulement chronologique, mais théologique. Elle marque l'effondrement des illusions, des faux espoirs, de la nostalgie mal placée et des prétentions héritées. Cet effondrement laisse place non pas à un confort facile, mais à une véritable prise de conscience. Le prédicateur d'aujourd'hui est appelé à affronter des espaces similaires d'apathie spirituelle et de déni culturel, s'exprimant d'une voix qui transcende les résistances, non pas pour dominer, mais pour réveiller.

Cette prédication ne repose pas sur la persuasion, mais sur l'incarnation fidèle de la réalité divine. Le rouleau n'est peut-être pas reçu par l'auditoire maintenant, mais il doit néanmoins être assimilé par le prédicateur. Proclamer Ézéchiel 4-7, c'est oser dire que Dieu a mis fin (à l'idolâtrie, au reniement, à la trahison) à ce qui ne doit plus durer, afin que le renouvellement de l'alliance puisse naître non du souvenir, mais du feu.

Dans cette tâche, Ézéchiel 6:9 offres un ancrage théologique profond. Dieu y déclare que les yeux et les cœurs adultères du peuple seront brisés, mais il ajoute: "J'ai été brisé par leur cœur prostitué." Ce moment recadre le jugement divin: non pas comme une violence détachée, mais comme une rupture divine intérieure. YHWH n'écrase pas d'en haut, mais brise de l'intérieur, supportant la douleur pour un dessein plus grand.

Prêcher à partir d'Ézéchiel 4-7, c'est donc laisser place à cette fragilité partagée pour inviter la communauté à reconnaître que le jugement divin n'est pas l'absence émotionnelle de Dieu, mais sa présence coûteuse. Et si le prédicateur peut nommer cela et aider les auditeurs à s'y attarder, alors le sermon a déjà commencé, même en silence, avant même la réponse.

Ézéchiel 8–11: Voir ce qui doit partir

Les chapitres 8 à 11 forment une séquence de visions étroitement tissée, l'un des segments les plus chargés théologiquement du livre d'Ézéchiel. Ils dépeignent l'horrible réalité: la gloire de YHWH, autrefois intronisée dans le temple de Jérusalem, a commencé à disparaître. Le prophète, dans exilé, est transporté dans une vision à Jérusalem, où il est témoin d'une infiltration à plusieurs niveaux de l'idolâtrie dans l'enceinte du temple, aboutissant à la décision divine de quitter le sanctuaire.

Temps littéraire

Après l'intensité non datée des chapitres 4 à 7, la vision d'Ézéchiel 8 à 11 est réancrée à un horodatage précis: "la sixième année, au sixième mois, le cinquième jour" (8:1).

Cette vision est datée de la sixième année (591 av. J.-C.), un peu plus d'un an après la vision inaugurale d'Ézéchiel (592 av. J.-C.), et située entre la première déportation (597 av. J.-C.) et la chute finale de Jérusalem (586 av. J.-C.). Le moment est géopolitiquement chargé: Juda, sous la pression de Babylone et de l'Égypte, est confronté à une instabilité interne croissante et à des espoirs nationaux mal placés.

Mais le temps littéraire dans Ézéchiel n'est pas simplement chronologique; il est théologique. Ce qui apparaît dans Ézéchiel 8 comme une vision nouvellement chronométrée est en réalité une clé rétrospective. Comme mentionné précédemment, elle dévoile enfin le sens de la descente choquante du char-trône dans Ézéchiel 1. La présence divine, autrefois inexplicablement apparue au-dessus du canal du Kebar (mobile, rayonnante et libre), est à nouveau en mouvement. Mais cette fois, elle n'arrive pas. Elle s'en va.

D'Ézéchiel forment ainsi une charnière dans l'architecture temporelle du rouleau. Après le silence tendu d'Ézéchiel 4 à 7, ces chapitres s'ouvrent avec une vision éclatante. Ézéchiel est conduit, ou plutôt entraîné, au cœur même du temple de Jérusalem, où il assiste à une escalade des abominations: chambres secrètes d'idolâtrie, violence rituelle et dirigeants corrompus. Ézéchiel 9 explose en jugement, et Ézéchiel 10 montre la gloire de YHWH quittant le sanctuaire intérieur. Ce qui n'était au départ qu'une menace tacite devient désormais une rupture visible.

Il ne s'agit pas d'un nouveau commencement, mais d'un dévoilement différé. Le sens de la théophanie d'Ézéchiel 1 n'apparaît que par la clarté rétrospective de cette unité. Le temps littéraire se replie en arrière: le trône mobile qui avait stupéfié le prophète au début révèle maintenant sa logique. Le lecteur est invité à le relire, à le réinterpréter. Le char divin n'est pas simplement transcendant; il est judiciaire. Sa mobilité n'est pas aléatoire, mais réactive.

Ézéchiel 8-11 n'est donc pas seulement un apogée visionnaire; c'est une clé littéraire. Il reconfigure rétroactivement les visions antérieures du rouleau et établit un nouvel horizon de mouvement divin, loin du centre sacré, vers l'exil. Le caractère daté de cette vision renforce son rôle: il ne s'agit pas d'une théologie intemporelle; c'est une rupture historiquement située. Et elle ne laisse aucune place au retard. Le temple est toujours debout, mais sa gloire commence à pâlir.

Flux communicatif

La vision d'Ézéchiel 8-11 se déploie selon une structure communicative à plusieurs niveaux, qui débute de manière intime et culmine de manière expansive. YHWH est l'émetteur ultime du message, initiant une séquence visionnaire à la fois brûlante et révélatrice. Ézéchiel, en tant que messager prophétique, n'est pas simplement un orateur, mais un participant visionnaire pleinement immergé, son corps et ses sens étant entraînés dans l'accusation divine.

Au premier abord, la vision semble s'adresser uniquement à Ézéchiel, une révélation privée se déroulant alors que les anciens de Juda sont "assis devant" lui (8:1). Ces anciens agissent comme catalyseurs narratifs, mais restent visuellement passifs; ils ne sont pas témoins de ce qu'Ézéchiel voit. Cela crée une dynamique intérieure-extérieure marquée: le prophète voit, absorbe et assimile ce que les autres ne voient pas, mais sa tâche ultime est de le transmettre fidèlement.

À la fin de la séquence, en 11:25, Ézéchiel fait exactement cela: il rapporte l'intégralité de la vision aux exilés, étendant sa portée communicative du corps prophétique solitaire à la communauté dispersée. Le public s'élargit ainsi pour inclure non seulement les anciens initiaux à Babylone, mais aussi les communautés exiliques dispersées, plus vastes, dont il est question en 11:16-21.

La vision elle-même met en évidence un contraste supplémentaire entre les habitants de Jérusalem. Certains affirment leur confiance en la proximité divine, interprétant leur présence continue sur la terre comme une preuve de leur élection. D'autres vivent dans l'ombre d'un sentiment d'abandon. La vision d'Ézéchiel recadre ces interprétations, suggérant que la présence divine a effectivement commencé à se déplacer, non pas vers le temple de Jérusalem, mais vers les dispersés et les brisés.

Cette réorientation est au cœur du flux communicatif: bien qu'Ézéchiel soit le seul à voir la gloire quitter le temple, le message n'est pas privé. Il vise à préparer les exilés à une nouvelle géographie théologique, qui distingue nostalgie et véritable espérance, et qui, en définitive, place au centre la présence réparatrice de Dieu parmi les déplacés.

Forme et genre

Ézéchiel 8-11 est un récit visionnaire à la première personne, dans lequel le prophète relate son expérience d'être soulevé "par les cheveux" (8:3) et transporté à Jérusalem. Le genre est complexe, combinant plusieurs formes prophétiques et narratives. Il s'ouvre sur un récit de vision (8:1-3), puis se déroule comme une visite guidée du temple, non pas d'ordre sacré, mais de profanation cachée (8:5-16), contrastant fortement avec la vision idéale du temple d'Ézéchiel 40-48. L'unité se développe en un récit de jugement divin avec des anges bourreaux (9:1-11), suivi d'un récit détaillé du mouvement de gloire (10:1-22; 11:22-25), dans lequel la présence de YHWH quitte le temple. La structure culmine avec un oracle de restauration conditionnelle (11:14-21), offrant un espoir après l'exil. L'effet cumulatif est dramatique et désorientant, traçant une spirale descendante depuis la révélation des abominations jusqu'à l'abandon divin, avant d'ouvrir un étroit chemin vers le retour à l'alliance. Le genre reflète ainsi l'arc théologique qu'il raconte.

Symboles et mots-clés

Ézéchiel 8-11 construit son drame théologique à travers une série de symboles puissants, chacun approfondissant le récit de la profanation et du retrait divin. Il commence par la mystérieuse "image de la jalousie" (8:3-5), une présence totémique jamais pleinement expliquée, la rendant encore plus menaçante en tant que catalyseur d'offense divine. Vient ensuite une profusion d'images idolâtres (des créatures rampantes et des idoles sculptées sur les murs du temple [8:10]) qui saturent visuellement l'espace d'impureté, contrastant fortement avec les codes lévitiques. Une image plus effrayante est celle de soixante-dix anciens, dont Jaazaniah (qui signifie "YHWH écoute"), fils de Shaphan, debout dans une chambre obscure tenant des encensoirs (8:11). Cette combinaison évoque Nombres 16, où les encensoirs signalent la rébellion des prêtres et provoquent le jugement divin. Là, les encensoirs deviennent des artefacts d'avertissement; ici, ils deviennent des emblèmes de corruption interne. Le rôle des anciens est inversé. Ils ne sont pas des intercesseurs, mais des complices. Ézéchiel 8 se termine en montrant les adorateurs du soleil tournant le dos au temple pour adorer le soleil (8:16). Ensemble, ces profanations démantèlent le sanctuaire de l'intérieur.

Dans Ézéchiel 9:2, six bourreaux et un septième homme "vêtu de lin" arrivent de la porte nord, signalant à la fois l'invasion babylonienne et la procédure sacerdotale. Le personnage vêtu de lin, rappelant la pureté lévitique (cf. Lv 16:4), n'est pas un guerrier mais un scribe. Sa tâche est sacrée: marquer un *tav* (תָּו) sur le front de ceux qui pleurent (9:4), faisant écho aux traditions apotropaïques (cf. Ex 12:7) et révélant la miséricorde de YHWH au milieu du jugement. Le jugement lui-même se déroule dans l'espace sacerdotal. En 9:7, il est demandé aux bourreaux de profaner le temple en le remplissant des cadavres des victimes, transformant ainsi cet espace autrefois sacré en un lieu d'abomination. Les corps mêmes des condamnés deviennent des instruments de profanation.

Au chapitre 11, Pelatiah (qui signifie "YHWH me permet de m'échapper") meurt subitement lors de la vision d'Ézéchiel (11:13). Sa mort représente une manifestation dramatique du jugement divin affectant l'état émotionnel du prophète. En tant que dirigeant représentatif, sa chute signifie l'effondrement symbolique de l'élite de Jérusalem. À l'inverse, en 11:16, au milieu de la dévastation, une lueur d'espoir est offerte spécifiquement aux exilés plutôt qu'aux Hiérosolymitains: YHWH proclame: "Bien que je les aie éloignés parmi les nations… je suis devenu pour eux un *Miqdash Me'at*, un petit sanctuaire." Cette expression redéfinit la présence divine non pas comme figée dans l'espace, mais comme intrinsèquement relationnelle et mobile. Même en exil, Dieu accorde un fragment de sainteté, portable, caché et durable.

En fin de compte, la gloire de YHWH s'étend par étapes, du sanctuaire à la porte, puis au mont des Oliviers, reflétant la fragmentation du peuple et du sacerdoce.

Fonctions thématiques

Ézéchiel 8-11 fonctionne comme un pèlerinage théologiquement inversé. Plutôt que de s'élever vers la présence divine, le prophète est conduit à travers la profanation, témoin des souillures accumulées qui contraignent YHWH à s'éloigner. La colère divine n'est pas ici impulsive, mais manifestée à contrecœur. La Gloire s'en va non pas précipitamment, mais par étapes, d'abord du sanctuaire intérieur vers le seuil (9:3), puis vers la porte orientale (10:18-19), et enfin vers le mont des Oliviers (11:23). La sainteté persiste, même pendant le jugement.

Théologiquement, cette section redéfinit l'exil non pas comme un abandon, mais comme la conséquence nécessaire d'un retrait divin dû à une profanation. YHWH ne disparaît pas; il se déplace. Ce faisant, le centre de l'espoir se déplace de Jérusalem vers la communauté exilée. La promesse conditionnelle de 11,14-21, ancrée dans le jugement, suggère que l'exil n'est pas un effacement, mais un réalignement théologique, un déplacement qui rend possible une reconstitution future.

Dans cette optique, la vision exhorte les exilés à rompre avec la nostalgie de Jérusalem. Elle déclare que le jugement doit purifier le pays, tandis que la foi doit être maintenue en exil. L'appel est double: renoncer à un désir mal placé et accueillir le "petit sanctuaire" (11,16) comme signe de la présence durable de l'alliance.

Dans la salle de classe

Ce passage est idéal pour la cartographie visuelle et l'analyse spatiale. La complexité de la vision d'Ézéchiel se prête à un engagement pédagogique concret et imaginatif:

Exercice de cartographie du temple: Invitez les élèves à recréer le voyage visionnaire d'Ézéchiel à travers le temple (chapitres 8 à 11), en indiquant où se produit chaque acte d'idolâtrie. Expliquez comment la proximité du Saint des Saints accentue la gravité des abominations et accroît l'enjeu de la réponse divine.

Suivi de la gloire: Retracez le mouvement de la gloire de YHWH depuis le sanctuaire intérieur (9:3) jusqu'à la porte est (10:19) et enfin jusqu'au mont des Oliviers (11:23). Revenez ensuite à Ézéchiel 1, où le trône apparaît au-dessus du canal du Kebar. Quelle logique théologique ou narrative explique cette trajectoire? La séquence suggère-t-elle la patience, la tristesse ou une réorientation divine?

Visualiser le *Miqdash Me'at:* Demandez aux élèves d'imaginer et de construire à quoi pourrait ressembler un "petit sanctuaire" (11:16) à leur époque et dans leur lieu d'origine. Où un tel espace pourrait-il exister en exil? Quelle forme prendrait la présence divine lorsque le temple ne serait plus accessible?

Jeu de rôle théologique: Attribuez aux élèves différents rôles: Ézéchiel, les anciens silencieux, le reste marqué ou les anges bourreaux, et invitez-les à réagir à la vision qui se dévoile. Quelles tensions morales ou théologiques émergent de chaque perspective? Que voit-on, que cache-t-on et que subit-on?

Prêcher à partir d'Ézéchiel 8-11 exige non seulement d'interpréter une vision passée, mais aussi de discerner comment notre culte actuel peut refléter ses distorsions. Le prédicateur est invité à prendre du recul pour se demander si nous aussi nous nous sommes installés dans des routines sacrées tout en nous tournant inconsciemment dans la mauvaise direction. Avons-nous défini le culte par la forme tout en tournant le dos à la présence?

Le texte nous avertit que même la cour intérieure du temple peut devenir le théâtre d'une dévotion déséquilibrée. Ce que nous justifions dans l'obscurité est peut-être déjà sous la surveillance divine. Ainsi, Ézéchiel nous met au défi de considérer la profanation non pas comme lointaine ou historique, mais comme potentiellement présente et collective.

Parallèlement, les communautés qui se sentent exilées, isolées, négligées ou oubliées sont tentées d'interpréter leur déplacement comme un abandon. Mais le prédicateur doit s'arrêter. L'exil est-il un signe de rejet divin ou de relocalisation divine? Avant de répondre pour les autres, le prédicateur doit d'abord se demander: comment interpréter l'action de Dieu dans les espaces que j'appelle absence?

La tâche du prédicateur n'est donc pas de porter un jugement, mais d'éclairer la complexité. La gloire de Dieu s'en va lentement. Son chagrin précède son absence. Et même en exil, il prépare un sanctuaire pour ceux qui pleurent ce qui a été perdu.

Ézéchiel 12–23: Jugement accompli et dissonance théologique

Une intensité rhétorique accrue et une importante volatilité théologique caractérisent les chapitres 12 à 23 d'Ézéchiel. Ces chapitres abordent la période précaire entre la déportation babylonienne de la communauté de Jéhoïakin (597 av. J.-C.) et le second siège de Jérusalem (588 av. J.-C.). Dans cette liminalité temporelle et théologique, la communication divine s'intensifie, tandis que la réponse humaine s'affaiblit. Cependant, au cœur de la dévastation d'une ville, on assiste également à une rupture de la cohérence communicative. Dieu parle, Ézéchiel agit, mais le peuple reste largement silencieux ou empli de suspicion. Cette section présente des personnifications saisissantes de Jérusalem (chap. 16, 23), ainsi qu'une discussion rare mais cruciale sur la culpabilité générationnelle et l'action morale (chap. 18).

Temps littéraire

La plupart des chapitres de cette unité ne sont pas datés, prolongeant la suspension narrative entre la première déportation babylonienne (597 av. J.-C.) et la chute finale de Jérusalem (586 av. J.-C.). Une exception notable apparaît dans Ézéchiel 20:1, soigneusement marqué comme "la septième année, au cinquième mois" (590 av. J.-C.), soit environ un an après la vision d'Ézéchiel 8-11. Le contexte, dans lequel les anciens s'adressent au prophète pour interroger YHWH, déclenche l'une des réponses théologiquement les plus complexes du rouleau: un examen approfondi des échecs d'alliance d'Israël, de l'Égypte à l'exil. Cet unique horodatage réancre la section dans l'arc croissant du jugement, même si les oracles environnants dérivent sans ancrage temporel.

Le temps littéraire s'étire ici. Loin d'être guidés par la vision dramatique ou la performance symbolique, ces chapitres adoptent un rythme rhétorique plus lent. Ils fonctionnent presque comme de longues disputes, où les arguments théologiques sont superposés, réitérés et affinés. Le narrateur semble saisir l'ambiguïté temporelle comme un espace de liberté interprétative, prenant le temps de dire ce qui doit être dit avant que l'histoire ne submerge le public.

Ce rythme ralenti n'atténue pas l'urgence. Au contraire, il la recadre. Ces oracles ne doivent pas être lus comme des réflexions post-chute. Ils se dévoilent plutôt à l'ombre d'une catastrophe, prononcée alors que la perte est encore imminente, et non après sa réalisation. Leurs voix sont sobres, posées, mais fermes, car elles offrent Une sorte de témoin pré-traumatique. La tâche prophétique dans cette fenêtre n'est pas de réparer, mais de nommer. Non pas d'apaiser, mais de dénoncer. Ézéchiel 12-23 devient ainsi un couloir uspendu de confrontation théologique: le temps ralentit, mais la pression monte.

Flux communicatif

Dans Ézéchiel 12-23, la structure communicative intensifie l'asymétrie déjà introduite plus tôt: Dieu parle avec plus d'urgence, Ézéchiel agit de manière plus dramatique et le public se retire davantage dans l'absence narrative.

Expéditeur: YHWH parle avec une force rhétorique et une frustration croissante. Le ton devient plus sévère, mais le ton reste unilatéral. Même lorsque les oracles citent des paroles humaines, elles sont encadrées par des citations divines destinées à la réprimande, sans laisser d'espace au dialogue.

Messager: Ézéchiel continue de transmettre des messages divins, principalement par une critique incarnée plutôt que par une proclamation directe. Cette unité comprend l'une des concentrations les plus denses de performances prophétiques rapportées, toutes dans

Ézéchiel 12. La première mise en scène (décrite et explicitement réalisée [12:7]) dépeint l'exil général du peuple. Les deuxième et troisième, révélés le lendemain, dramatisent symboliquement la fuite désespérée du roi Sédécias et sa chute imminente. Bien que seul le premier acte soit confirmé narrativement, tous trois ont des objectifs narratifs distincts: choquer, interpréter et prédire. Ces performances non verbales (en particulier lorsqu'elles sont associées à des actes d'alimentation ([par exemple, 12:18]) pourraient démontrer comment le propre corps du prophète devient un moyen de jugement.

Destinataire: Le public visé reste largement indéfini. Si les oracles s'adressent fréquemment à "la maison d'Israël", ils comportent rarement des réactions en temps réel. Lorsque les anciens apparaissent (par exemple, Ézéchiel 14; 20), ils sont rhétoriquement ignorés. Leurs questions restent sans réponse; elles sont transformées en accusations. Plutôt que de leur permettre de parler, on parle d'eux et on les enferme dans le cadre accusateur de YHWH.

Lacunes narratives: Les signes mis en scène sont décrits, mais rarement résolus dans le récit. La perception du public est présumée, mais non consignée. Aucune transformation collective ne se produit. Ce qui reste est un parchemin structuré par une initiative divine et une performance prophétique, mais toujours suspendu sans réception confirmée.

Forme et genre

Cette unité présente certaines des formes littéraires les plus diverses et les plus complexes d'Ézéchiel.

Action symbolique: Le chapitre 12 dramatise l'exil à travers le rituel de préparation des sacs de jour et de nuit d'Ézéchiel.

Allégorie: Les chapitres 16 et 23 présentent des personnifications étendues de Jérusalem et de Samarie en tant que sœurs promiscuité (Oholah et Oholibah).

Parabole royale avec stratification interprétative: Le chapitre 17 introduit une allégorie fable de deux aigles et d'une vigne. En apparence, elle reflète la politique internationale (Babylone, Égypte et Juda), mais sa conclusion interprétative recadre le récit théologiquement, révélant la violation de l'alliance par Juda et renforçant la souveraineté divine.

Dispute théologique: Le chapitre 18 met en scène une réfutation directe du proverbe sur la culpabilité générationnelle, affirmant la responsabilité individuelle.

Lamentation: Le chant funèbre du chapitre 19 pour la maison royale, utilisant une métaphore animale, évoque l'effondrement dynastique sans invoquer l'espoir.

Récitation historique et parabole de l'alliance: Le chapitre 20 offre une longue répétition historique qui réinterprète le passé d'Israël à travers le prisme de l'alliance. La structure est triadique: en Égypte (20:5-9), dans le désert (20:10-26) et dans le pays (20:27-29), chaque mouvement étant marqué par la grâce divine et la rébellion humaine. Cette répétition non seulement recadre l'exil actuel comme une continuation du jugement du désert, mais anticipe également la restauration. Cependant, l'échec rhétorique de ce mode est souligné dans le dernier verset (20:49), où Ézéchiel déplore que le peuple se moque de lui en le qualifiant simplement de "parabole". Même sous la persuasion divine, la rupture de communication persiste.

Mur et Creusement (Ézéchiel 12:3–7): Ézéchiel reçoit l'ordre de jouer un rôle dramatique en exil: il rassemble ses affaires et creuse un mur à la vue de tous. Le "mur" symbolise la frontière fragile entre l'illusion de sécurité et l'effondrement imminent. L'acte de creuser le mur préfigure la tentative d'évasion nocturne du roi Sédécias lors du siège final de Jérusalem (cf. 2 Rois 25:4–5; Jér. 39:4). Il est le "prince de Jérusalem" mentionné dans Ézéchiel 12:10, qui tentera de fuir mais sera capturé et aveuglé, accomplissant ainsi l'oracle qu'il serait être pris à Babylone mais pas vois-le (Ézéch. 12:13).

Mur blanchi à la chaux (Ézéchiel 13:10-15): La métaphore du mur blanchi à la chaux critique les messages de faux prophètes, probablement ceux dans Jérusalem ou parmi les exilés, qui proclament la paix alors que la destruction est imminente. Le mur est peint pour paraître stable, mais ses défauts structurels garantissent son effondrement. L'image met en lumière la tromperie théologique et le déni d'une destruction imminente jugement.

Sœurs Samarie et Jérusalem (Ézéchiel 16 et 23): Dans deux allégories graphiques, Samarie et Jérusalem sont représentées par des sœurs nommées Ohola et Oholiba, représentant respectivement les royaumes du Nord et du Sud. Leur promiscuité sexuelle symbolise des alliances politiques avec des puissances étrangères (Égypte, Assyrie, Babylone) et engagement infidélité. Ces chapitres ne se contentent pas de moraliser, mais offrent une mise en accusation politico-théologique de l'idolâtrie impériale, illustrant comment la trahison se manifeste de manière nationale, spirituelle et intime.

L'Aigle et la Vigne (ch. 17): Parabole cryptique de trahison politique, Babylone et l'Égypte apparaissent comme des empires offrant une fausse sécurité.

Lionne et ses lionceaux (Ézéchiel 19:1-9): La lionne représente Juda, la maison royale de David, et ses lionceaux sont des rois judéens captifs. Le premier lionceau est probablement Joachaz (Shallum), emmené en Égypte par le pharaon Nékao (cf. 2 Rois 23:31-34), et le second est Jéhoïakin exilé à Babylone après seulement trois mois sur le trône (2 Rois 24:8-12). Cette lamentation révèle la désintégration dynastique: de jeunes lions élevés pour régner sont capturés, mis en cage et silencieux.

Fonctions thématiques

Les chapitres 12 à 23 approfondissent l'intensité théologique et rhétorique du message d'Ézéchiel, mettant à nu des tensions que les visions précédentes n'avaient fait que commencer à exprimer. Si Ézéchiel 4 à 7 s'est rapproché de la révélation visionnaire de la profanation d'Ézéchiel 8 à 11, culminant avec la profanation du temple, l'effondrement de la cité et le départ divin, cette unité soutient et intensifie ce mouvement. Ces chapitres s'étendent jusqu'au front de la tempête du chapitre 24, préparant le prophète et le lecteur à la brèche finale de Jérusalem. En ce sens, les chapitres 12 à 23 fonctionnent comme une force théologique qui rassemble la tempête: non seulement ils offrent davantage de jugement, mais ils entraînent activement le public à le recevoir sans nostalgie ni sympathie déplacée.

Sur le plan thématique, cette section s'attaque à des contradictions non résolues et à des provocations divines. Le discours sur la responsabilité et l'héritage atteint son paroxysme au chapitre 18, où le proverbe sur la culpabilité générationnelle est radicalement renversé: "L'âme qui pèche mourra." Parallèlement, la miséricorde est différée et le jugement divin s'accélère, mais la compassion n'est pas présentée comme un contrepoids rhétorique. Cette asymétrie intensifie les enjeux émotionnels et théologiques du rouleau.

La frustration divine devient de plus en plus perceptible, notamment au chapitre 20, où la répétition historique de YHWH se déplace non pas vers la persuasion, mais vers la justification de l'abandon. L'histoire ratée de l'obéissance est présentée non pas comme un prélude à la repentance, mais comme une justification à l'exil. De même, la théologie troublante de la violence dans les chapitres 16 et 23, formulée à travers des métaphores d'adultère, d'infanticide et de brutalité militaire, risque de susciter un scandale théologique. Pourtant, ces tropes dévoilent les ravages politiques et spirituels causés par les intrigues impériales.

Enfin, l'exil est redéfini comme plus qu'une simple punition: il devient l'effondrement de l'imaginaire de l'alliance. Avec la chute des rois, la personnification et la ruine des villes, et l'absence de réciprocité de la voix divine, le texte présente l'exil comme un épuisement théologique. Ces chapitres invitent le lecteur non pas à sympathiser avec Jérusalem, mais à prendre conscience de sa profanation. Ils poussent le lecteur à se demander non pas comment faire le deuil du passé, mais comment survivre à son effondrement.

Dans la salle de classe

Au cours de cette séance, les élèves analyseront Ézéchiel 18 afin de déterminer si la justice divine repose sur les individus ou sur la communauté dans son ensemble. Ils exploreront le lien entre la justice divine et la responsabilité communautaire, notamment en ce qui concerne la culpabilité collective. Au fil des échanges, les participants examineront comment ce chapitre révise leur compréhension des alliances et les incite à réfléchir à des thèmes tels que la responsabilité, la culpabilité générationnelle et les choix moraux.

Suivant, plomb étudiants à travers un éthique en lisant de l'allégorie, en se concentrant particulièrement sur les chapitres 16 et 23. Encouragez les élèves à décortiquer les métaphores superposées qui s'y trouvent ces textes et refléter sur comment tel imagerie Cela amplifie et complexifie à la fois la critique prophétique. Il sera essentiel d'aider les élèves à gérer les tensions éthiques posées par le symbolisme genré et violent, en les invitant à s'interroger non seulement sur le sens du texte, mais aussi sur la manière dont il communique et à quel moment coût.

Pour approfondir leurs compétences interprétatives, les élèves aborderont également Ézéchiel 17 sous l'angle de la parodie littéraire et de la satire théologique. Associez ce chapitre à une sélection de caricatures politiques modernes pour illustrer la synergie entre métaphore et critique. Utilisez-le comme tremplin pour un dialogue sur le pouvoir rhétorique de la satire dans les textes sacrés et sur la façon dont l'humour peut soutenir le jugement théologique sans le banaliser.

Enfin, guide étudiants dans la création d'un Chronologie visuelle reliant des événements historiques majeurs, tels que le règne de Sédécias, les déportations successives et la chute de Jérusalem, aux oracles des chapitres 12 à 23. Cette chronologie doit non seulement retracer les événements, mais aussi illustrer visuellement l'imbrication de l'histoire et de l'imagination prophétique. Encouragez les élèves à annoter leurs chronologies avec clé thèmes, symbolique actes, et changements rhétoriques, les aidant à voir comment le message d'Ézéchiel est indissociable de son moment.

Prédications et idées

Prêcher Ézéchiel 12-23 exige du courage. Ces chapitres n'offrent pas de conclusion rédemptrice. Ils appellent l'assemblée à affronter l'épuisement théologique, là où les promesses sont devenues des proverbes et où l'espoir sonne comme un sarcasme.

En particulier, l'accusation d'Ézéchiel 13 contre "la paix là où il n'y a pas de paix" met les prédicateurs au défi de résister à la consolation facile. Le chapitre 18 autorise un sermon sur l'action morale, mais avec gravité, et non flatterie. Le prédicateur doit interpréter non seulement le jugement divin, mais aussi la déception divine.

Ces chapitres sont avant tout un appel à l'intégrité. Le parchemin ne demande pas: "Êtes-vous optimiste?" Il demande: "Êtes-vous honnête?"

Ézéchiel 24: Jugement bouillant, effondrement silencieux

Ézéchiel 24 marque un tournant décisif dans le récit prophétique: le moment où la ruine de Jérusalem, annoncée depuis longtemps, devient un fait historique. Le chapitre s'ouvre par un oracle daté du jour même du début du siège babylonien de Jérusalem ("aujourd'hui même" ([24:2]), réduisant ainsi la distance entre la parole divine et la catastrophe historique. Suit la parabole de la marmite bouillante (24:3-14), un symbole déjà utilisé en Ézéchiel 11, mais désormais intensifié. Ici, la marmite ne contient plus seulement la ville; elle devient le lieu d'une purification implacable. Les os sont bouillis, l'écume s'accroche au métal, et le feu est attisé jusqu'à ce que l'impureté soit exposée et consumée. La métaphore refuse toute résolution. La marmite n'est pas vidée; elle est brûlée. Le jugement ne purifie pas; il brûle.

Pourtant, la chaleur symbolique du premier oracle cède la place à la désolation émotionnelle du second. Ce même jour, la femme d'Ézéchiel meurt, et il lui est divinement interdit de pleurer sa perte (24:15-27). Cette rupture personnelle devient une allégorie nationale: de même que le prophète doit taire son chagrin, de même le peuple sera réduit au silence devant la chute de sa cité bien-aimée. Le corps du prophète devient la syntaxe du rouleau; son silence, une grammaire du jugement. Ce double oracle, violence bouillonnante et lamentation contenue, forme l'épicentre théologique et éthique de tout le rouleau. Dans un monde où l'alliance s'est effondrée et la mémoire a fait défaut, la parole elle-même se fracture. Ce qui ne peut être pleuré doit être incarné. Ce qui ne peut être dit doit être enduré.

Temps littéraire

La formule de date d'Ézéchiel 24:1 ("la neuvième année, le dixième mois, le dixième jour du mois") marque l'une des dates les plus précises et les plus marquantes du livre. C'est le jour même où Jérusalem fut assiégée (cf. 2 Rois 25:1), transformant le rôle du prophète de prédicateur en témoin. C'est un tournant narratif décisif: la projection théologique entre en collision avec le traumatisme historique. Ce qui était visionnaire, symbolique ou anticipatoire devient désormais réel, nommé en synchronie avec la catastrophe politique.

C'est le seul moment de la première moitié du rouleau où le temps prophétique et le temps historique convergent pleinement. Jusqu'alors, les messages d'Ézéchiel avaient été prononcés avant le jugement, planant dans une atmosphère d'avertissement suspendu. Ici, cependant, la parole divine et la violence impériale se produisent simultanément. La chronologie rhétorique se resserre. Le prophète n'imagine plus la chute; il en vit le premier jour.

Ézéchiel 24 fonctionne ainsi comme une charnière théologique et littéraire. C'est la formule de la date finale dans l'arc du jugement du livre, concluant une longue série d'oracles qui s'étendent d'Ézéchiel 1 à 23. Il scelle la fin de l'anticipation prophétique et ouvre la porte à des conséquences irréversibles. À l'époque littéraire, il représente à la fois l'aboutissement et l'effondrement.

Il est important de noter que ce chapitre reconfigure également le corps du prophète comme signe. La mort soudaine de la femme d'Ézéchiel devient la dernière action symbolique du rouleau avant la chute, rendant le chagrin lui-même indicible. Ici, le silence prophétique ne signifie pas seulement le mutisme, il devient la seule expression fidèle d'un monde qui se défait en temps réel.

Ce n'est plus un espace de persuasion rhétorique. Ce n'est pas le moment de lancer de nouveaux avertissements. C'est le jour où le siège commence. Toute tentative de lire Ézéchiel 24 comme une réflexion post-chute méconnaît son positionnement narratif et sa tension théologique. Le prophète parle dans la catastrophe, non après. La voix du rouleau n'est pas rétrospective, mais concomitante, témoignant à l'heure même où la parole cesse et où le jugement arrive.

Flux communicatif

Ézéchiel 24 présente deux oracles aux dynamiques communicatives radicalement opposées.

78

Le premier, l'allégorie de la marmite bouillante (24,3-14), suit le schéma ézéchielien familier: l'expéditeur divin donne un ordre, mais que l'action symbolique soit effectivement accomplie ou non, le texte ne le confirme pas, maintenant ainsi un déplacement rhétorique où l'auditoire entend un message qui ne lui est pas directement adressé. YHWH ordonne à Ézéchiel de "propager une parabole à la maison rebelle" (24,3), ciblant ceux qui sont encore dans le Pays. Bien que l'action soit décrite, son exécution reste non confirmée. Pourtant, le message désigne un auditoire absent du Pays, déplaçant les exilés dans le rôle d'auditeurs dont l'engagement réflexif est sollicité, mais jamais explicitement exigé. Cette adresse à la deuxième personne ("vous") est réservée aux destinataires virtuels, les habitants de Jérusalem. Cette stratégie rhétorique, caractéristique du rouleau, utilise des cibles inaccessibles pour provoquer une réflexion théologique chez ceux qui peuvent encore entendre. L'auditoire absent est accusé afin que le public présent puisse s'éveiller.

En revanche, la seconde moitié du chapitre, la mort de la femme d'Ézéchiel et l'interdiction de pleurer (24:15-27), présente un triangle communicatif inhabituellement complet. Ici, l'Émetteur (YHWH) donne un ordre immédiat et non négociable; le Messager (Ézéchiel) incarne le message par sa souffrance personnelle; et le Récepteur (la communauté exilée) répond verbalement. C'est l'un des rares exemples, dans Ézéchiel, où le discours de l'auditoire est explicitement narré: "Ne nous diras-tu pas ce que cela signifie pour nous?" (24:19). L'interaction est brève, mais la réponse marque un changement. L'interprétation n'est pas supposée; elle est exigée.

Cette double structure dramatise la tension entre distance et immédiateté dans la communication prophétique. L'oracle de la marmite bouillante brûle d'un jugement indirect, faisant passer l'auditoire présent pour un auditeur indiscret d'un message destiné à quelqu'un d'autre. L'oracle de la mort de l'épouse, en revanche, exige un alignement affectif: les exilés doivent imiter le silence d'Ézéchiel, absorbant la catastrophe nationale sans rituel ni lamentation. Dans ce paradoxe, le parchemin met en scène sa propre tension entre clarté et dissimulation. Il retient toute résolution émotionnelle tout en offrant une clarté théologique.

Le récit, enfin, intègre le silence dans sa structure. Tandis que le public parle, aucune réponse divine n'est donnée. Le chagrin reste suspendu, inexprimé, incarné, en attente d'une parole future.

Forme et genre

Ézéchiel 24 présente un hybride littéraire saisissant. Il s'ouvre sur une parabole allégorique d'une marmite bouillante (24:3-14) qui évoque et intensifie l'imagerie antérieure du chapitre 11, cette fois représentée comme une scène de jugement inéluctable et d'impureté irréparable. S'ensuit un acte prophétique, lorsque la femme d'Ézéchiel meurt et qu'il lui est explicitement interdit de pleurer (24:15-18). Le récit se transforme ensuite en une déclaration oraculaire, interprétant le chagrin privé du prophète comme un signe public: de même qu'il doit garder le silence, les exilés seront trop stupéfaits par la chute de Jérusalem pour accomplir des rites de deuil collectifs. Cette superposition de genres accentue l'urgence théologique par le silence incarné.

Ézéchiel 24 emploie des symboles qui passent du deuil divin à l'incarnation prophétique, puis à la paralysie collective. La marmite bouillante (24:3-13) revient d'une image antérieure, mais symbolise désormais un jugement irréversible: Jérusalem, vase rouillé, ne peut être purifiée par les moyens ordinaires. L'écume rouillée s'incruste trop profondément, et seule une incinération totale peut révéler l'impureté. Ceci ouvre la voie à la rupture divine.

La mort de la femme d'Ézéchiel (24:15-18), appelée "le délice de [ses] yeux", reflète la profanation du temple, la demeure bien-aimée de YHWH. Pourtant, Ézéchiel se voit refuser le droit de pleurer. Son silence traduit l'affirmation théologique selon laquelle, lorsque la présence divine se retire, même les lamentations doivent cesser. Cette interdiction s'étend au peuple (24:21-24): leurs enfants et leur sanctuaire tomberont, mais ils ne doivent pas pleurer.

Ce silence n'est pas celui de l'apathie, mais celui d'une compassion contenue. Ce qui se dévoile est l'étape ultime de la retenue divine, l'instant juste avant que la larme ne coule, que le soupir ne s'échappe. Le Dieu d'Ézéchiel 24 n'est pas insensible; il déborde d'angoisse, retenant la consolation de peur qu'elle n'interfère avec le jugement qui doit maintenant s'abattre. Le refus de pleurer, alors, n'est pas un déni de sentiment, mais la manifestation d'une douleur divine contenue. C'est comme si Dieu disait: "Retiens-la, encore un peu; c'est presque fini." Ce n'est pas de la cruauté, mais l'ultime contour de la miséricorde: la douleur délibérément différée afin que la justice puisse être pleinement perçue. Pleurer trop tôt allégerait le poids de ce qui doit être affronté. Ainsi, le silence d'Ézéchiel reflète celui de Dieu, une pause épuisée mais délibérée avant le prochain acte de restauration.

Fonctions thématiques

Ézéchiel 24 représente le seuil théologique et narratif de tout le rouleau, un tournant où le jugement divin atteint son point de saturation et où la rupture, longuement préparée, devient irréversible. La marmite ardente (v. 3-14), la mort de la femme du prophète (v. 15-24) et la profanation du temple (v. 21) marquent collectivement l'incinération de ce qui avait autrefois une signification sacrée. Il ne s'agit pas de gestes symboliques à distance; ce sont des actes dans lesquels YHWH lui-même est profondément impliqué. Dieu ordonne, mais il est aussi affligé. L'initiative divine transperce son propre corps, détruisant le sanctuaire, emportant la femme d'Ézéchiel et n'offrant aucune place au deuil, non pas parce que Dieu est intouchable, mais parce qu'il est totalement investi. YHWH apparaît ici comme un réformateur blessé, prêt à dévaster ce qu'il habitait autrefois pour faire place à un renouveau sacré.

Ce chapitre rend le discours prophétique éthiquement ambigu. Est-il compassionnel de nommer le deuil alors que même le deuil doit être dissimulé? Ézéchiel devient le réceptacle de la retenue divine, ressentant la perte mais se voyant interdire de la traiter. Son corps muet remplace l'oracle prononcé. Le parchemin lui-même imite la logique de ce deuil, étouffé, déformé, suspendu. Ici, aucune supplication, aucune lamentation, aucun retour n'est offert, seulement la rupture, l'ordre et la douleur divine qui les sous-tend. Ce n'est pas encore une recréation, mais c'en est le terrible seuil.

Dans la salle de classe

Laboratoire exégétique: Comparez la marmite bouillante d'Ézéchiel 24 avec celle de Jérémie 1. Comment chaque prophète déploie-t-il la chaleur, le métal et l'impureté pour encadrer l'action divine?

Pédagogie du traumatisme: Invitez à discuter de la manière dont les textes théologiques traitent le traumatisme collectif sans langage. Quelle est l'éthique du silence prophétique?

Lecture incarnée: Demandez à un élève de lire les versets d'Ézéchiel (24,15-18) sans émotion. Que ressent-on lorsqu'on accomplit un deuil divin sans se lamenter?

Prédications et idées

À prêcher Ézéchiel 24 est à ours témoin à silence. Non pas pour expliquer la souffrance, mais pour la marquer. Le prédicateur ici n'est pas une voix de clarté, mais un gardien rupture.

La mort de la femme d'Ezekiel, une horreur personnelle devenue un signe national, force la congrégation à voir le deuil qu'a Non sortie. Ce n'est pas un sermon pour réconfort. C'est une liturgie de témoignages stupéfaits, où l'espérance doit attendre derrière le rideau du divin absence.

Le message n'est pas que Dieu est parti, mais que même Dieu parfois retenues chagrin jusqu'à le le jugement est pleinement vu. Prédicateurs faire pas résoudre cette tension. Ils le gardent et le nomment saint.

Ézéchiel 25-32: Les nations étrangères comme miroir d'Israël

Entre la chute imminente de Jérusalem (chapitre 24) et le renouveau du discours prophétique adressé à Israël (chapitre 33), Ézéchiel déplace son attention vers l'extérieur. Est-ce vraiment le cas? Les chapitres 25 à 32 présentent les oracles de YHWH contre diverses nations étrangères (Ammon, Moab, Édom, la Philistie, Tyr, Sidon et l'Égypte), mais leur objectif sous-jacent est plus nuancé. Ces chapitres agissent comme un miroir rhétorique: les jugements de Dieu contre "les autres" servent à recadrer le concept de justice divine pour Israël. Le récit, auparavant centré sur la corruption de Jérusalem, utilise désormais les nations comme un contrepoids, offrant un commentaire indirect et des perspectives théologiques.

Temps littéraire

Ces chapitres s'étendent de 587 à 571 avant J.-C., commençant après le siège de Jérusalem (Ézéchiel 24:2) et précédant pour la plupart l'annonce de la chute de la ville en Ézéchiel 33:21. Bien que certains oracles, comme celui d'Ézéchiel 29:17, aient été prononcés bien plus tard, le livre les situe dans une fenêtre narrative suspendue entre le jugement et la restauration.

Fait inhabituel pour le livre, nombre de ces oracles sont datés avec précision, créant une surface chronologique apparemment stable et linéaire. Pourtant, leur fonction dans le temps littéraire est bien plus complexe.

Cette section opère une suspension narrative délibérée, creusant l'écart interprétatif entre le moment de la catastrophe et celui de sa confirmation publique. Tandis que le lecteur attend des nouvelles du sort de Jérusalem, le passage attire son attention ailleurs: vers les nations. Les oracles contre Ammon, Moab, Édom, Tyr, l'Égypte et d'autres ne se contentent pas de déplacer l'attention; ils la recadrent. Le narrateur semble ralentir le lecteur, étirant le temps narratif pour permettre une réorientation théologique.

Dans cet intervalle, la destruction de Jérusalem n'est pas oubliée, mais réfractée. Du point de vue du jugement international, la chute d'Israël s'inscrit dans le cadre plus vaste de la justice divine. La souveraineté de YHWH ne se limite pas à Sion; elle s'étend au-delà des frontières. Ainsi, les oracles contre les nations offrent plus qu'une simple polémique; ils créent un champ d'interprétation où le traumatisme de la chute de Jérusalem peut être lu comme faisant partie d'un mouvement théologique plus large.

Le rouleau ne se précipite pas vers la restauration. Il maintient le lecteur dans ce temps suspendu, l'invitant à reconsidérer la signification du jugement, non pas comme une punition isolée, mais comme une partie d'une purification divine impliquant toutes les nations. Le prophète reste silencieux sur l'issue de Jérusalem, mais ce silence est stratégique. Lorsque la nouvelle de la chute arrive enfin en Ézéchiel 33:21, le lecteur a eu l'espace, non seulement pour assimiler le jugement, mais aussi pour en repenser la portée.

Flux communicatif

Dans Ézéchiel 25-32, le prophète prononce une série d'oracles ostensiblement destinés à des nations étrangères (Ammon, Moab, Édom, la Philistie, Tyr, Sidon et l'Égypte). À première vue, ces discours semblent être des dénonciations diplomatiques ou des condamnations géopolitiques. Pourtant, la structure communicative révèle quelque chose de plus subtil et d'introspectif. Les nations concernées ne sont pas présentes, et aucune réponse n'est enregistrée de leur part. Leur fonction rhétorique n'est pas participative, mais illustrative. Ces oracles fonctionnent comme des actes de parole déplacés rhétoriquement: ils sont exprimés contre des peuples lointains, mais conçus pour la réflexion éthique et théologique de ceux qui sont proches, les exilés de Babylone.

En ce sens, le véritable public n'est pas les nations, mais Israël. Dieu parle par l'intermédiaire d'Ézéchiel "aux" rois, villes et empires étrangers, mais d'une manière qui incite Israël à l'écouter. La voix prophétique fonctionne presque comme une ventriloquie théologique: la parole divine est lancée vers l'extérieur, pour ensuite se retourner comme une pédagogie morale. Les nations deviennent des miroirs déformés, reflétant l'orgueil déchu, l'idolâtrie et la confiance mal placée d'Israël.

YHWH demeure l'expéditeur, s'adressant aux nations par l'imagination oraculaire d'Ézéchiel. Le prophète lui-même ne voyage pas à l'étranger et ne transmet pas ces messages en personne; il parle plutôt des nations aux exilés. Bien que cette transmission soit textuellement ambiguë, on ignore si ces discours ont réellement été prononcés à voix haute dans un contexte communautaire.

Ainsi, si les destinataires officiels de ces oracles sont des puissances étrangères, leurs destinataires fonctionnels sont les populations déplacées d'Israël. Ces oracles remettent en cause les présupposés de supériorité morale d'Israël en montrant que les autres nations sont également jugées non pour leur infidélité à l'alliance, mais pour leur orgueil, leur violence et leur exploitation. Le message n'est pas le triomphalisme, mais l'alignement: la justice de Dieu est universelle et la souffrance d'Israël n'est pas unique.

Dans cette logique communicative, le prophète devient un agent de mise en scène, s'adressant "aux autres" pour guider sa propre communauté vers un rééquilibrage théologique. Le public exilé doit apprendre à percevoir le jugement étranger comme une révélation qui implique son propre jugement.

Forme et genre

Ézéchiel 25-32 déploie un large éventail de formes littéraires pour prononcer un jugement sur des nations étrangères. Les oracles de malheur expriment la dénonciation divine sous forme de lamentations, souvent dirigées contre des villes spécifiques comme Tyr (Ézéchiel 27) et l'Égypte (Ézéchiel 32). La parodie mythique renforce la force rhétorique: le roi de Tyr est présenté comme une figure édénique déchue (28,11). 19), tandis que Pharaon est comparé à un monstrueux dragon marin (29:3; 32:2), évoquant à la fois l'orgueil et le chaos. Les chants funèbres et les lamentations intensifient encore le message. Par exemple, le chapitre 27 exalte l'élégance maritime de Tyr avant de relater son naufrage symbolique, tandis que les chapitres 30 à 32 pleurent la chute de l'Égypte à travers des motifs funéraires royaux.

Ces genres s'inscrivent dans des discours de jugement prophétiques plus vastes, où chaque nation est nommée selon son orgueil, sa violence ou sa trahison envers Israël. L'art littéraire de ces chapitres rend la fin d'un étranger à la fois lugubre et instructive, invitant le public exilé à discerner la justice divine non pas à travers le triomphalisme, mais à travers un deuil stylisé qui renforce la réorientation de l'alliance.

Symboles et mots-clés

Les oracles d'Ézéchiel contre les nations sont riches en images et métaphores mythiques, transforment le jugement historique en poésie théologique. Les symboles suivants illustrent la façon dont les empires s'effondrent non seulement par la politique, mais aussi par la désintégration cosmique et morale.

Monstre marin (*tannîn*): le pharaon est imaginé comme un crocodile ou dragon du chaos dans le Nil (29:3). Ce Le symbole relie l'Égypte impériale au désordre primordial, rappelant les batailles cosmiques de la création mythes.

Naufrage (Tyr): Le grand empire commercial est comparé à un magnifique navire brisé en mer (27:25–36). Sa chute illustre la fragilité de l'économie mondiale et de l'orgueil humain.

Le Bâton de Roseau (29:6–7): L'Égypte est dépeinte comme un allié peu fiable. Le soutien promis se brise et blesse. Cette métaphore relie la critique prophétique à l'érosion de la confiance géopolitique.

Fosse (*Sheol*): Le chapitre 32 répertorie la descente de l'Égypte dans le monde souterrain aux côtés d'autres nations déchues, un appel effrayant à l'orgueil impérial mis à terre.

Fonctions thématiques

Ézéchiel 25-32 fonctionne non seulement comme une dénonciation des nations étrangères, mais aussi comme une forme de réorientation théologique pour Israël. D'une certaine manière, ces oracles affirment la justification divine: la justice de YHWH n'est ni paroissiale ni tribale. De même que Jérusalem a succombé à la trahison de l'alliance, Ammon, Moab, Édom, Tyr, Sidon et l'Égypte sont jugés pour arrogance, opportunisme ou exploitation. Le principe n'est pas ethnique, mais éthique. Cette parité théologique remet en question toute hypothèse persistante selon laquelle les souffrances d'Israël seraient uniques ou imméritées. Plus subtilement, ces oracles fonctionnent comme des miroirs indirects: la grandeur de Tyr et de l'Égypte est décrite sur un ton lyrique, voire admiratif, mais est finalement démantelée. Ainsi, Ézéchiel critique non seulement les nations, mais aussi les illusions d'exceptionnalisme d'Israël, mettant en garde les exilés contre une nostalgie déplacée ou une envie impériale.

À travers leur chute, YHWH recentre le récit: le véritable souverain de l'histoire n'est ni Babylone, ni Pharaon, mais YHWH seul. Les pouvoirs politiques s'élèvent et s'effondrent, mais la souveraineté divine demeure constante. Ces oracles deviennent ainsi pédagogiques, apprenant à Israël à reconnaître le jugement non pas comme un hasard, mais comme une logique d'alliance appliquée à toutes les nations, y compris la leur.

Dans la salle de classe

Cartographie des empires: Demandez aux élèves de retracer le contexte géographique et historique de chaque oracle. Comment l'espace fonctionne-t-il rhétoriquement?

Mythe et prophétie: Analyser les motifs édéniques et léviathaniques. Comment ces symboles façonnent-ils l'histoire nationale?

Complainte littéraire: Demandez à différents élèves de lire à voix haute les chants funèbres des chapitres 27, 30 et 32. Discutez du rôle du deuil stylisé dans le jugement.

Prédications et idées

Prêcher à partir d'Ézéchiel 25 à 32, c'est risquer d'être mal orienté, et c'est là tout l'enjeu. Ces chapitres semblent cibler "les autres", mais ils sont en réalité orientés vers l'intérieur. Ils enseigner que critique est le plus sûr quand lointain, mais surtout nécessaire lorsque près.

Le prédicateur doit résister à l'utilisation de ces textes pour renforcer le triomphalisme nationaliste ou la morale supériorité. Ce sont plutôt des outils d'humilité. L'ascension et la chute des nations ne sont pas seulement une leçon historique; c'est une leçon théologique. Le jugement n'est pas une démonstration de pouvoir; c'est un miroir exigeant une réponse.

Ézéchiel 33–34: Le Effondrement de Silence et le Descente de la Berger

Ézéchiel 33-34 représente un seuil crucial dans la théologique et littéraire architecture du livre. La nouvelle longtemps différée de la chute de Jérusalem arrive enfin, non comme une surprise, mais comme la confirmation d'un avertissement prophétique, marquant la fin du silence imposé et la renaissance de la parole divine. Pourtant, l'instant est tout sauf une célébration. Plutôt qu'une justification par la repentance, Ézéchiel rencontre une communauté qui écoute mais ne répond pas, admire mais n'obéit pas. Dans cet espace liminaire entre la catastrophe et restauration, la voix prophétique est reformulée: n'étant plus un héraut du jugement, Ézéchiel devient un témoin de la ruine et un conduit pour inattendu compassion. Quoi Ce qui suit est l'un des changements théologiques les plus radicaux du livre décision de guider directement le peuple. Ensemble, ces chapitres offrent non seulement une charnière littéraire, mais aussi un tournant théologique, où la présence divine réintègre l'histoire non pas à travers des structures, mais à travers intimité.

Temps littéraire

Cette section s'ouvre sur un horodatage crucial: "La douzième année de notre exil, au dixième mois, le cinquième jour..." (Ézéchiel 33:21). Un fugitif arrive de Jérusalem, apportant la nouvelle tant attendue: la ville est tombée. Bien que la destruction ait eu lieu plus d'un an plus tôt (586 av. J.-C.), ce rapport tardif, situé narrativement en 585 av. J.-C., marque bien plus qu'une simple mise à jour historique. Il signale la fin du suspense prophétique et le début d'une nouvelle phase théologique.

Le verset suivant annonce un changement profond: "Ma bouche s'est ouverte, et je n'étais plus muet" (33, 22). Ce moment met fin au silence imposé par Ézéchiel 24 et inaugure un nouveau rôle prophétique. Ézéchiel n'est plus une sentinelle annonçant un désastre imminent; il devient témoin des conséquences, chargé de parler dans un espace déjà vide par le jugement. L'urgence qui s'est manifestée auparavant se tourne désormais vers la responsabilité, la restauration et la redéfinition pastorale.

Pourtant, la remise en service ne se précipite pas sur le réconfort. Ce qui suit, dans Ézéchiel 33-34, n'est pas un espoir triomphal, mais une confrontation qui donne à réfléchir. Dieu parle à nouveau, non pas pour prononcer de nouveaux jugements, mais pour reprendre la responsabilité du troupeau dispersé. Les oracles pastoraux d'Ézéchiel 34 marquent une transition cruciale: la parole divine rassemble désormais au lieu de disperser. Toujours ancrée dans le souvenir de la dévastation, cette section amorce un passage de l'exposition prophétique à la reconfiguration rédemptrice.

À l'époque littéraire, Ézéchiel 33-34 constitue la charnière entre le silence catastrophique et le renouveau constructif. Il ouvre l'espace post-siège, sans consolation immédiate ni soulagement rhétorique, mais avec le lent et délibéré travail de restauration par la responsabilité.

Il ne s'agit pas encore d'une restauration à proprement parler, mais d'un défrichage du terrain, une ouverture rendue possible seulement après que l'effondrement a été nommé et subi.

Chronologie: De la déportation à la chute (597-586 av. J.-C.)

Année (AEC)	Référence d'Ézéchiel	Événement	Placement littéraire
597 av. J.-C.	Début de l'exil (cf. Éz 1, 2)	Première déportation babylonienne (Jéhoïakin exilé)	Contexte de l'appel prophétique d'Ézéchiel
592 av. J.-C.	5e année d'exil (1:2)	La vision inaugurale d'Ézéchiel au bord du canal du Kebar	Ézéchiel 1–3
591 av. J.-C.	6e année (8:1)	Vision du Temple de Jérusalem	Ézéchiel 8–11
590 av. J.-C.	7e année (20:1)	Les anciens s'enquièrent; examen historique de la rébellion	Ézéchiel 20
588 av. J.-C.	9e année, 10e mois, 10e jour (24:1–2)	Le deuxième siège babylonien commence	Ézéchiel 24
586 av. J.-C.	11e année (cf. 2 Rois 25:2–4)	Jérusalem est tombée (temple détruit)	L'événement se produit; il n'a pas encore été signalé.
~585 av. J.-C.	12e année, 10e mois, 5e jour (33:21)	Un fugitif arrive à Babylone avec la nouvelle de la chute	Ézéchiel 33:21–22: le tournant du discours

Flux communicatif

Ézéchiel 33-34 marque un tournant radical dans la communication prophétique: au chapitre 33, Ézéchiel

92

est à nouveau désigné comme sentinelle, non pas pour avertir de ce qui arrive, mais pour interpréter ce qui s'est déjà produit. La réaction stupéfaite du peuple ("Comment pourrions-nous vivre?" 33:10) révèle une crise existentielle. Pourtant, leur réponse finale est troublant: "Ils entendre tes mots mais faire ne leur fais pas pour eux, tu es comme quelqu'un qui chante des chansons d'amour avec une belle voix" (33:32).

Le prophète devient une musique de fond. Son accomplissement est esthétisé, non pris en compte. Au chapitre 34, la voix divine prend le dessus sur tous les intermédiaires humains. Les bergers (rois, prêtres, prophètes) sont accusés d'être des prédateurs.

"Moi-même, je veillerai sur mes brebis." (34:11) Dans ce réalignement radical, Dieu refuse de déléguer. La communication devient directe, compatissante et souveraine. YHWH ne nomme pas de nouveaux dirigeants; YHWH les remplace. Là où le leadership humain a échoué, la présence divine descend. Concernant le flux de communication, les lecteurs reconnaîtront probablement ce changement important, mais il reste incertain que le public immédiat le comprenne.

Forme et genre

Ézéchiel 33-34 constitue une charnière littéraire et théologique essentielle au sein du rouleau, combinant divers genres pour marquer la transition du jugement à la restauration. Ézéchiel 33 s'ouvre sur une métaphore juridico-théologique: le prophète est à nouveau présenté comme un *guetteur* (v. 1-9), responsable non pas des conséquences, mais d'un avertissement fidèle. Cette métaphore est suivie d'une dispute éthique (v. 10-20), où la justice divine est défendue contre les accusations collectives d'injustice, un moment rare où le raisonnement théologique est mis en scène directement. Le chapitre atteint ensuite son apogée narrative (v. 21-22), avec l'arrivée du fugitif de Jérusalem et la fin du mutisme longtemps imposé à Ézéchiel. La section se conclut par une satire prophétique (v. 30-33), où le public exilé est accusé de considérer les messages d'Ézéchiel comme un divertissement, révélant ainsi la frontière ténue entre fascination et mépris.

Le chapitre 34 bascule radicalement vers un procès d'alliance (*rîb*) contre les dirigeants d'Israël, transformant les rois en bergers défaillants qui consomment au lieu de protéger (v. 1-10). En réponse, YHWH prononce un oracle royal-pastoral (v. 11-31), déclarant qu'il cherchera, sauvera et prendra soin des brebis dispersées. S'inspirant de l'idéologie royale du Proche-Orient ancien, où les rois sont souvent qualifiés de "bergers", Ézéchiel subvertit ce trope: YHWH ne règne pas depuis un trône, mais descend sur le terrain, incarnant la royauté divine comme une sollicitude intime plutôt qu'une souveraineté distante.

Symboles et mots-clés

Le vocabulaire symbolique d'Ézéchiel 33-34 cristallise le tournant théologique de l'effondrement vers la récupération divine, marquant un changement de registre du jugement vers l'intimité réparatrice.

Le veilleur (צָפָה / *ṣāpāh)*: Initialement figure de prévoyance (cf. Ézéchiel 3:17), le veilleur est désormais réintroduit comme témoin des conséquences (Ézéchiel 33:1–9). Le fardeau symbolique est passé de l'avertissement de l'avenir à l'interprétation des conséquences. Ce changement subtil fait écho à la transition du prophète lui-même, de l'avertissement silencieux à l'articulation post-catastrophe.

Bergers: Les dirigeants humains sont dépeints comme négligents et prédateurs. Ils se nourrissent eux-mêmes, mais pas le troupeau, révélant une distorsion de leur vocation politique et spirituelle. Leur silence corrompu contraste fortement avec la voix autoproclamée de YHWH: "Moi, je chercherai mes brebis" (34,11). L'abdication manquée des bergers devient la toile de fond d'une intervention divine.

Troupeau / Moutons dispersés: Le peuple est décrit comme vulnérable, exilé et sans protection, symbolisant plus qu'une simple dispersion physique. Il est spirituellement orphelin, pris entre un leadership abandonné et un retour divin.

Nuage et épaisses ténèbres (עָנָן וַעֲרָפֶל / 'ānān wa-'ărāpel): Ces termes véhiculaient autrefois l'inaccessibilité divine, comme dans Exode 20:21, où Moïse s'approche de Dieu dans l'obscurité. Mais dans Ézéchiel 34:12, cette même imagerie est inversée: YHWH perce le nuage et l'épaisse obscurité "un jour de nuages", pour récupérer les dispersés. Ce renversement implique que YHWH est longtemps resté caché, volontairement retenu dans le chagrin et le jugement, jusqu'au moment où viendra le moment de la poursuite divine. Cette descente n'est pas fortuite. Elle évoque une théologie de la contention auto-imposée, où Dieu brise les couches de retenue divine, faisant de cet acte de sauvetage un moment de profonde intimité. Elle aborde le registre théologique de l'incarnation non pas dans la forme, mais dans le coût émotionnel et éthique.

Belle chanson (שִׁיר עֲגָב / šîr 'ēgeb): Dans Ézéchiel 33:32, les paroles du prophète ne sont pas reçues comme un appel à la repentance, mais comme une performance. Le peuple apprécie sa voix "comme quelqu'un qui chante des chansons d'amour", mais il n'agit pas. Cette image met en accusation l'esthétisme religieux: où la vérité est admirée mais non obéie, et où le prophète devient spectacle plutôt qu'un provocateur moral.

Fonctions thématiques

Ézéchiel 33-34 marque un tournant décisif dans le mouvement théologique du rouleau. Avant ce tournant, nous trouvons une justification finale au jugement (33:1-20) et un encouragement inattendu: la repentance est toujours accueillie avec empressement par Dieu. Ces oracles ne se contentent pas de justifier le passé; ils cherchent à honorer la libre arbitre de l'auditeur, même après une catastrophe.

Puis, aux versets 21-22, le tournant survient: un fugitif de Jérusalem annonce sa chute, et la bouche d'Ézéchiel s'ouvre. Ce moment marque plus qu'un simple changement narratif; il constitue une seconde mission prophétique. Libéré du silence, Ézéchiel passe de la prévision à l'interprétation. La réalité de l'exil n'a plus besoin d'être prédite. Il faut désormais la comprendre.

Il est frappant de constater que cette réaffectation n'entraîne pas une obéissance immédiate. Le peuple demeure rebelle, décrit en 33:31-32 comme des auditeurs qui apprécient la voix d'Ézéchiel mais ignorent ses paroles. Malgré cela, Dieu ne réagit pas par un jugement renouvelé. Au contraire, l'initiative divine s'approfondit dans une autre direction.

Le chapitre 34 ne s'ouvre pas sur le peuple, mais sur ses dirigeants. L'oracle d'accusation vise les bergers d'Israël, des personnages qui n'ont pas su protéger, nourrir ou guérir. Mais contrairement aux accusations précédentes, celle-ci est immédiatement suivie d'un remplacement. Dieu deviendra le berger. Ceci signale une reconfiguration théologique: l'action divine ne passera plus par des intermédiaires défaillants. Elle agira directement.

En même temps, le peuple est lui aussi transformé, non par ses efforts, mais par la promesse divine. Il sera rassemblé, restauré et recevra "un cœur nouveau" (cf. 36, 26). À la fin du chapitre, ce qui est assuré n'est pas la restauration territoriale ni la reconstruction politique, mais la réconciliation relationnelle. Le berger retrouve ses brebis. Il panse les blessures, apporte le repos aux dispersés et leur promet la paix.

Ainsi, la fonction thématique d'Ézéchiel 33-34 est de marquer le passage du rouleau du silence à la parole, de l'exil à l'initiative, de l'effondrement au renouvellement de l'alliance. Non pas en inversant le temps, mais en renouant avec la relation.

Dans la salle de classe

Jeu de rôle dialogique: Répartissez les élèves en groupes: les bergers défaillants, les brebis dispersées et le berger divin. Laissez chaque groupe réfléchir à sa propre théologie de l'abandon, de l'échec et de l'espoir. Demandez-leur ce que signifie être retrouvé lorsqu'on cesse de demander à être secouru.

Exercice de contraste textuel: Comparez Ézéchiel 33.32 ("Chanson agréable") avec Ézéchiel 34.11–16 ("Je chercherai…"). Que révèle chacun d'eux sur le nature et risque du divin communication?

Cartographie chronologique théologique: Demandez aux élèves de construire une chronologie reliant la chute de Jérusalem, la réélection d'Ézéchiel et la descente du berger. Indiquez les moments où le silence a régné et ceux où il a été rompu, non seulement dans le temps, mais aussi dans le ton.

Sujet de réflexion éthique: "Si Dieu dirige comme Ézéchiel 34, quel genre de leadership nous devons-nous les uns aux autres?" Encouragez les élèves à réfléchir au leadership spirituel en exil, lorsque les institutions s'effondrent et que la parole doit reprendre.

Prédications et idées

Prêcher Ézéchiel 33-34, c'est parler depuis les décombres, non pas en triomphe, mais en sainte interruption. Le prophète n'est pas justifié par sa réponse, mais par la vérité qu'il a portée en silence. Et lorsque Dieu parle à nouveau, ce n'est pas pour redistribuer les rôles, mais pour intervenir en personne.

"Je les délivrerai de tous les lieux où ils étaient dispersés, au jour des nuages et de l'obscurité." (34:12) Ici, le prédicateur est mis au défi de proclamer non pas la repentance du peuple, mais le mouvement incessant du Berger: le troupeau n'appelle pas. Le Berger avance le premier. Les ténèbres ne sont pas dissipées, elles sont pénétrées. Quel genre de Dieu cherche les perdus avant qu'ils ne réalisent qu'ils sont absents? Quel genre de prédicateur ose parler quand personne ne l'écoute, et pourtant ne peut s'arrêter parce que Dieu a de nouveau parlé?

Ézéchiel 35-36: Deux montagnes, un avenir
Jugement, silence et géographie de la restauration

Dans Ézéchiel 35–36, le livre tourne depuis Du jugement individuel à la transformation spatiale. Plutôt que de s'adresser directement aux personnes, Dieu s'adresse désormais aux paysages. Deux montagnes (le mont Séir et les montagnes d'Israël) sont présentées comme des antagonismes théologiques agents: l'un condamné, l'autre appelé à s'épanouir. Ces chapitres préparent le terrain, tant au sens littéral que théologique, pour le retour des ossements desséchés ressuscités au chapitre 37. Dans cette transition, Ézéchiel privilégie l'initiative divine à la repentance humaine et privilégie la recréation par une géographie sanctifiée plutôt qu'un retour à Jérusalem.

Temps littéraire

Aucune formule de datation précise n'apparaît dans cette section. Son emplacement est néanmoins stratégique: il suit la chute de Jérusalem (Ézéchiel 33-34) et précède immédiatement la restauration visionnaire du peuple en Ézéchiel 37. Le récit flotte ainsi dans un état de suspension post-catastrophique, privilégiant la séquence théologique plutôt que le détail chronologique. Ce qui émerge ici n'est pas un moment précis, mais une réorganisation spatiale et symbolique.

Cette séquence fait écho au schéma de Genèse 1-2: l'espace doit être ordonné avant que la vie puisse l'habiter. La terre doit être restaurée avant le retour du peuple. Dans Ézéchiel 36, les montagnes d'Israël sont personnifiées comme témoins du jugement, de la profanation et du renouveau futur. L'absence de dialogue humain est frappante; YHWH parle à la terre, et non par l'intermédiaire du peuple. La restauration commence sans initiative humaine, suggérant que la terre elle-même détient la mémoire de l'alliance et porte le traumatisme de l'abandon.

L'oracle précédent contre le mont Séir (Ézéchiel 35) renforce cette logique spatio-théologique: la violence opportuniste d'Édom est condamnée précisément parce qu'elle violait le calendrier sacré du jugement divin. En revanche, les montagnes d'Israël sont préparées au renouveau, non pas en raison de la justice de leur peuple, mais à cause du nom de YHWH. Le temps est suspendu ici, non pas parce que rien ne se passe, mais parce que quelque chose de fondamental se pose sous la surface: un terrain capable de contenir la grâce.

À l'époque littéraire, Ézéchiel 35-36 propose une réinitialisation théologique. Il retarde la restauration du peuple d'Israël en s'occupant d'abord de l'état de sa terre, de sa profanation, de son silence et de son potentiel. Ce qui semble passif est en réalité profondément préparatoire. Ce n'est qu'après que la terre aura été traitée, guérie et réaffirmée dans l'harmonie de l'alliance que les ossements seront rassemblés et que le souffle reviendra.

Flux communicatif

Dans Ézéchiel 35-36, la structure communicative change radicalement: YHWH ne s'adresse pas directement aux gens, mais s'adresse au terrain lui-même. Le prophète Ézéchiel n'agit pas comme un médiateur auprès des auditeurs humains, mais comme une présence médiatrice, se tenant entre la parole divine et un public insensible. Les destinataires de ces oracles ne sont ni des individus ni des nations, mais des paysages symboliques: le mont Séir (représentant Édom) et les montagnes d'Israël.

Cette stratégie rhétorique opère par déplacement proleptique. Bien que le langage cible les reliefs, le véritable public est la communauté exilée, implicitement invitée à écouter. En l'absence de réponse humaine directe, le terrain devient un auditeur de substitution, une toile sur laquelle sont projetés le jugement et l'espoir divins. Par ce déplacement, la terre assume un double rôle: à la fois sermon et sanctuaire, absorbant l'intensité émotionnelle des paroles de Dieu et reflétant la condition spirituelle du peuple.

En parlant aux montagnes, YHWH s'adresse paradoxalement à ceux qui habitent loin d'elles. Le public exilé est ainsi réorienté, non pas en étant interpellé, mais en entendant la voix de Dieu reconquérir et redonner une nouvelle vocation à la terre même qui l'avait autrefois rejeté. Dans ce moment de silence théologique, la terre devient éloquente.

Forme et genre

Ézéchiel 35-36 utilise une juxtaposition littéraire saisissante: les oracles contre le mont Séir (Édom) au chapitre 35 forment un procès d'alliance (*rîb*), tandis que le chapitre 36 se transforme en une prophétie lyrique imprégnée de motifs de restauration. Les genres sont délibérément mis en scène: Ézéchiel 35 est un discours accusateur d'hostilité ancestrale, faisant écho à des textes comme Abdias et le Psaume 137, où la trahison d'Édom lors de la chute de Jérusalem est transformée en inimitié théologique. L'acte d'accusation est formulé non seulement contre la violence d'Édom, mais aussi contre son exubérance, le péché de s'approprier une terre appartenant à YHWH.

Ézéchiel 36, en revanche, est une cascade poétique de discours générateurs. Il passe du mépris au sol, de la stérilité à la fertilité, de la honte à la recréation. La voix prophétique passe de la contestation de la violence ennemie à la promesse d'un renouveau intérieur. La terre elle-même devient à la fois auditoire et agent: "Mais vous, montagnes d'Israël…" (36:8). Cette personnification du paysage crée une écologie prophétique, où la géographie n'est plus un arrière-plan neutre, mais un partenaire actif dans la réparation de l'alliance.

Ensemble, les deux chapitres dramatisent un renversement théologique: une montagne est réduite au silence pour avoir outrepassé ses limites, tandis que l'autre renaît pour accueillir les exilés. Le passage du *rîb* à la recréation retrace l'intention divine non seulement de juger l'injustice, mais aussi de cultiver le possible.

Symboles et mots-clés

Ézéchiel 35-36 reconfigure l'imaginaire géographique et relationnel d'Israël en attribuant une signification morale aux montagnes et aux noms. Ces éléments symboliques reflètent le traumatisme historique, l'intention divine et l'espoir eschatologique au sein même du pays.

Mont Séir (Édom): Parenté devenue ennemie. Séir devient un symbole de parenté exubérante, de violence opportuniste et de moquerie anti-alliance. Le désir d'Édom de posséder la terre d'Israël est présenté non comme une simple ambition géopolitique, mais comme une transgression théologique, une violation de l'héritage sacré.

Montagnes d'Israël: un territoire édénique désolé est désormais appelé à "produire des branches" (36,8), mettant fin à l'exil du pays. Les montagnes ne sont plus le théâtre de l'échec humain, mais participent activement au renouveau divin. Leur renaissance anticipe le retour non seulement des hommes, mais aussi de l'ordre de l'alliance.

Dernière mention de "Jérusalem" (36:38): Le nom "Jérusalem" disparaît après ce chapitre, signalant un glissement narratif délibéré, passant d'une mémoire corrompue à une identité transformée. Lorsque la ville est à nouveau nommée en Ézéchiel 48:35, ce n'est plus "Jérusalem", mais "YHWH *Shammah*", "L'Éternel est là". La géographie elle-même devient liturgique.

Fonctions thématiques

Ézéchiel 35-36 opère une inversion théologique: du jugement à la création, de la responsabilité centrée sur l'être humain à la promesse centrée sur la terre, et de la repentance humaine à l'initiative divine. Ces chapitres ne sont pas seulement transitoires; ils redéfinissent toute l'architecture morale de la restauration.

Dieu n'attend pas qu'Israël se repente. Au contraire, il agit "à cause de son saint nom" (36:22). Cela recentre le renouvellement de l'alliance non pas sur le mérite, mais sur la fidélité divine. La restauration devient un acte de sainteté et de cohérence. La terre devient réceptive, obéissante, "à l'écoute" de la parole de Dieu, contrairement au peuple qui a persisté à ne pas l'écouter. Là où la conscience humaine est devenue sourde, le sol lui-même devient le premier lieu de réponse.

Le jugement du mont Séir au chapitre 35 fonctionne comme un prélude éthique: la justice doit être rendue avant que la guérison puisse commencer. Mais au chapitre 36, les montagnes d'Israël sont considérées comme des entités vivantes, appelées à "propulser des branches" et à accueillir leur peuple. L'œuvre régénératrice ne commence pas dans le cœur humain, mais dans le terrain, la topographie et les terres cultivées.

Ce retour de la terre anticipe la logique de résurrection d'Ézéchiel 37. Tout comme dans Genèse 1, où la terre, la lumière et les frontières sont préparées avant la formation de l'humanité, la vision d'Ézéchiel reproduit une sorte de cosplay théologique de la création. Les ossements ressusciteront, mais seulement après que la terre sera à nouveau sanctifiée.

Dans la salle de classe
Intertextualité géopolitique: Comparez la chute d'Édom dans Ézéchiel 35 avec Abdias et le Psaume 137. Comment la parenté est-elle utilisée comme une arme dans la critique prophétique?

Théologique Géographie: Pourquoi fait Dieu parler vers les montagnes? Explorez le déplacement prophétique etimagination spatiale.

L'effacement de Jérusalem: Demandez aux élèves de retracer la dernière mention de "Jérusalem" et d'envisager son remplacement dans Ézéchiel 48. Que signale le changement de nom sur le plan théologique?

Visuel facultatif pour la classe: Créez un tableau comparatif du mont Séir et des montagnes d'Israël, montrant les contrastes dans le public, le ton, le résultat et la fonction symbolique.

Prédications et idées

Prêchez Ézéchiel 36 comme une théologie de la recréation. Avant de ressusciter les hommes, Dieu laboure le sol. La restauration ne commence là où personne ne regarde, avec la terre, le silence, les semences.

Que le sermon pose la question suivante: Et si Dieu guérissait déjà le terrain sous lequel nous ignorons tout? Et si la grâce commençait avant même que nous nous repentions? Et si nous étions les derniers arrivés dans un jardin déjà en croissance?

Ce chapitre n'est pas un appel à l'action, mais une invitation à être témoin du jardinage divin où la fidélité à l'alliance de Dieu fleurit dans un sol encore souillé par le chagrin.

Ézéchiel 37: Le souffle, les os et le plan de la recréation

Ézéchiel 37 est l'un des passages les plus emblématiques et les plus théologiquement denses du livre, non pas parce que la restauration est accomplie, mais parce qu'elle est exprimée comme une possibilité. Situé dans une vallée de désolation totale, ce chapitre ne s'ouvre pas par une date, mais par une question: "Ces ossements peuvent-ils vivre?" (37:3). Après le silence divin, l'échec du leadership et la fragmentation du territoire (chapitres 33-36), cette vision se déploie comme une intervention post-effondrement, où le langage lui-même doit être réassemblé aux côtés des ossements. Le prophète ne reçoit pas d'audience, seulement une mission: parler à la mort, invoquer le souffle et manifester l'espoir avant qu'il ne soit visible. Ce qui émerge n'est pas la résurrection comme réconfort, mais la recréation comme initiative divine: un acte de l'Esprit qui agit avant la compréhension, et une alliance qui consolide ce que l'histoire a rompu.

Temps littéraire

Ézéchiel 37 n'apparaît pas au cœur du désastre, mais après. Il suit l'effondrement annoncé de Jérusalem (Ézéchiel 33), la redéfinition du leadership par l'oracle du berger (Ézéchiel 34) et la reconquête théologique de l'espace dans les oracles des deux montagnes (Ézéchiel 35-36). Pourtant, aucune nouvelle formule de datation n'apparaît. La vision se déploie dans un intervalle intemporel, un "après" théologique qui résiste à tout ancrage historique. Il ne s'agit pas d'une restauration en cours; c'est une résurrection imaginée.

Le temps littéraire est ici façonné par le silence. La nation n'est pas encore ressuscitée, mais le terrain a été défriché. La vallée des ossements desséchés ne porte aucun signe d'action ni de supplication. Le prophète n'est pas envoyé pour avertir ou juger, mais pour témoigner, se tenir au milieu de la totalité de la mort et attendre le souffle divin. L'absence de repères temporels renforce le sentiment d'immobilité: c'est un instant non mesuré par des horloges, mais chargé d'attente.

Ézéchiel reçoit l'ordre de prophétiser non pas aux hommes, mais aux ossements; non aux rebelles, mais aux survivants. La parole précède la réponse; le souffle précède la reconnaissance. Le récit renverse la logique de cause à effet antérieure. Ici, la vie précède le repentir, et la restauration n'est pas une récompense, mais un miracle. La tâche du prophète n'est pas d'interpréter, mais d'obéir et de parler à ce qui ne peut répondre.

À l'époque littéraire, Ézéchiel 37 constitue une charnière théologique entre l'effondrement et l'alliance. C'est le moment où l'imagination divine interrompt l'inéluctabilité historique. Bien qu'aucune date précise ne soit donnée dans le texte, la vision se déploie dans un moment théologique au-delà de l'histoire, une initiative divine qui marque le début de la résurrection, et non ses conséquences.

Flux communicatif

Les deux visions (ossements secs et les deux bâtons) sont explicitement mises en scène par YHWH et entièrement médiatisées par Ézéchiel. Le public, encore, est pas l'historique original groupe mais l'avenir lecteur ou auditeur. Ce S'inscrit dans la stratégie de déplacement rhétorique déjà présente dans Ézéchiel: des cibles inaccessibles ou absentes (par exemple, Jérusalem, des ancêtres décédés, des tribus dispersées) sont adressées à l'image de celles présentes (la communauté exilée). La communication est verticale (entre YHWH et Ézéchiel) et performative plutôt que dialogique.

Ces visions jumelées de revivification et de réunification fonctionnent ainsi comme un monologue divin prononcé devant un public déséquilibré. La prophétie des ossements desséchés s'adresse à "toute la maison d'Israël" (37:11), qui, bien que déjà morte et dispersée, est encore adressé dans le présent tendu comme si le mot seul pourrait défaire la mort.

Le prophète devient médiateur non pas entre Dieu et les hommes, mais entre le silence et l'Esprit. Il ne s'adresse pas à des auditeurs, mais à la matière, aux os et aux vents. Cela défamiliarise la communication elle-même. À quoi ressemble la prophétie lorsque le seul public est la mort?

Forme et genre

Ézéchiel 37 est l'un des chapitres les plus riches du livre d'Ézéchiel, tant sur le plan théologique que littéraire. Il fusionne drame visionnaire, action symbolique et proclamation de l'alliance en un mouvement unifié de résurrection et de réunification. Il fonctionne comme une charnière performative: théologiquement expansif et rhétoriquement immersif.

La première section (v. 1-14) se déroule comme une représentation visionnaire. Le prophète est conduit par la main de YHWH dans une vallée d'ossements desséchés, tableau visuel de désolation totale. S'ensuit une séquence liturgique d'ordres et de réponses: "Prophétise sur ces ossements", "Dis au souffle", "Viens des quatre vents". Ces actes de langage ne sont pas descriptifs mais générateurs, transformant des fragments inertes en vie incarnée. La scène évoque un théâtre rituel où le langage opère la résurrection.

La deuxième section (v. 15-28) se tourne vers une action symbolique: il est demandé à Ézéchiel de prendre deux bâtons destinés à Juda et à Joseph et de les réunir en un seul. Ce geste prophétique, accompagné d'une interprétation divine, annonce la réunification des royaumes divisés sous une alliance renouvelée. La forme narrative allie symbolisme mis en scène et clarté oraculaire.

Intertextuellement, le chapitre entier est saturé de motifs de création, en particulier de Genèse 2. Le *ruach hébreu* (esprit/vent/souffle) reflète le souffle divin qui a animé Adam, signalant qu'il ne s'agit pas seulement d'une restauration politique, mais d'une recréation ontologique.

Ainsi, Ézéchiel 37 transcende un genre unique. C'est une mise en scène prophétique, une performance théologique et un écho cosmique. Il passe de la métaphore (ossements desséchés) à l'histoire (retour) et à la promesse (alliance unifiée), chaque étape superposant la vision au symbole, et le symbole au discours.

Symboles et mots-clés

Ézéchiel 37 offre certaines des images symboliques les plus puissantes du canon prophétique, des images qui relient la désolation à la restauration, la fracture à la réunion, le silence à la respiration. Le symbolisme est délibérément stratifié, exigeant à la fois une immersion imaginative et une patience théologique.

Ossements desséchés (37:1–2): La vallée n'est pas seulement remplie de morts. Elle est remplie d'ossements désassemblés depuis longtemps, "très secs", dépouillés de chair, de tendons et de mémoire. C'est une vision de perte totale: non seulement la mort, mais l'effacement de la forme, de l'identité et de la cohérence. L'image fonctionne intertextuellement comme un renversement de Genèse 2 et évoque des visions apocalyptiques de champs de bataille en ruine. Pourtant, la question divine: "Fils de l'homme, ces ossements peuvent-ils revivre?" (37:3) n'est pas accueillie avec logique, mais avec soumission: "Seigneur, YHWH, tu sais." Ce moment d'humilité épistémique rappelle la réponse de Pierre à Jésus en Jean

21:17 ("Seigneur, tu sais toutes choses; tu sais que je t'aime"), prononcée dans un moment tout aussi réparateur après une trahison et une perte. Dans les deux textes, l'espoir est ravivé non par la certitude, mais par la confiance relationnelle en la connaissance divine.

Souffle / Esprit (רוּחַ, *ruah*): Ce terme hébreu porte délibérément une triple signification: vent, souffle et Esprit. La vision d'Ézéchiel exploite cette polyvalence pour suggérer que ce qui fait revivre Israël n'est pas simplement l'air ou l'esprit dans l'abstrait, mais le mouvement incontrôlable de la volonté divine. Ruach entre dans les ossements non pas à la discrétion du prophète, mais seulement par l'initiative de Dieu, renforçant ainsi le fait que la résurrection n'est jamais mécanisée, mais toujours relationnelle et accordée.

Deux Bâtons (37:15–28): L'acte symbolique de joindre les bâtons destinés à Juda et à Éphraïm marque la transition de la résurrection à la réunification. Ce qui commence par une réanimation corporelle culmine dans la cohésion nationale. Il est important de noter qu'aucun roi terrestre n'est nommé; à la place, un berger unique est promis. Cela évite la nostalgie dynastique et privilégie la pastorale plutôt que la conquête royale. L'accent mis sur l'alliance (v. 26–28) le montre clairement: la nation renouvelée est unie non par la géopolitique, mais par une présence divine partagée.

Ensemble, ces symboles tracent un mouvement allant des ossements dispersés aux morceaux de bois réunis, de la ruine privée à la réconciliation publique. Cette vision donne forme à l'insondable: le souffle de Dieu peut ranimer ce que l'histoire a rejeté, et un peuple fragmenté par l'exil peut être réunifié sous une alliance renouvelée et un berger sans ambiguïté.

Fonctions thématiques

Ézéchiel 37 présente la restauration non pas comme une consolation, mais comme une mission divine. La vision des ossements desséchés englobe plus qu'une seule calamité historique. Temporellement, elle remonte aux morts en Égypte et dans le désert, où des ossements furent laissés sans sépulture en signe de rébellion, et se prolonge jusqu'au traumatisme actuel de l'exil. Spatialement, elle évoque non seulement la terre d'Israël, mais tous les lieux où des personnes sont mortes, ont été dispersées, déportées ou oubliées. L'abstraction délibérée de la localisation et de la chronologie de la vallée crée une perspective ouverte qui rend la vision de la résurrection paradigmatique plutôt que localisée.

Il ne s'agit pas d'une résurrection pour le réconfort. C'est une restauration imposée. Les os se rassemblent, mais sans souffle, ils restent des cadavres. Le prophète doit prophétiser à nouveau, cette fois au *ruach* (Esprit/souffle/vent), précisant que la restauration sans l'Esprit divin n'est qu'une mort animée. L'espérance sans sainteté est un corps creux.

De plus, l'absence de repentance humaine est frappante. Ce renouveau n'est pas mérité par une réforme morale, mais est le fruit d'une initiative divine. Le symbolisme du bâton dans la seconde partie (v. 15-28) évoque une réunification politique, mais sans nostalgie royale. Au lieu d'un roi, un berger est promis. Au lieu d'un empire, une "alliance de paix" (v. 26) est offerte. Et le temple, désormais différé, est une présence future, non une réalisation actuelle. La restauration n'est donc pas un retour aux anciennes formes, mais une reconstitution en accord avec le dessein divin.

Dans la salle de classe

Exercice de respiration: Demandez aux élèves d'explorer le "ruach" dans Ézéchiel 1, 2, 3 et 37. Comment le sens change-t-il?

Théâtre exilique: Représentez la vision avec deux lecteurs (YHWH et Ézéchiel), les élèves jouant le rôle des os. Explorez le minutage et l'hésitation dans la réponse prophétique.

Réflexion politique: débattre de la différence entre réunion (bâtons) et résurrection (os). Que dit Ézéchiel à propos de la division communautés?

Prédications et idées

Ézéchiel 37 n'est pas un récit sentimental de résurrection; c'est une répétition prophétique de la reconstitution après une perte irréparable. Les prédicateurs doivent résister à la tentation d'en romancer l'imagerie. Les os ne sont pas simplement fatigués; ils sont désassemblés. Il n'y a plus de tendon, plus de souffle, plus d'espoir. Et pourtant, on leur dit d'écouter. Non pas parce qu'ils peuvent répondre, mais parce que Dieu veut qu'ils vivent.

Il ne s'agit pas d'un renouveau né de la repentance, mais d'une restauration initiée par la parole divine. De même que YHWH s'est retiré du temple (Ézéchiel 10-11), le souffle revient désormais non pas à la pierre, mais à la communauté brisée. La recréation précède la préparation. L'Esprit de Dieu entre avant même que le peuple sache ce que signifie être guéri.

Dans Jean 21, un Pierre tout aussi brisé, lorsqu'on lui demande s'il aime Jésus, ne peut que répondre: "Seigneur, tu le sais." C'est la confession de quelqu'un qui est au-delà de toute certitude, irréparable, pourtant interpellé. Le prédicateur pourrait faire écho à ce moment ici: face aux ossements desséchés de la foi, de la communauté ou de l'avenir, la seule vraie réponse pourrait être: "Seigneur, toi seul le sais" (Ézéchiel 37:3).

Prêcher ce chapitre, c'est inviter les auditeurs à ne pas se sentir forts avant de croire, mais à croire que le souffle divin ne vient pas après la force, mais avant elle.

Ézéchiel 38-39: Purification du pays: Gog, le jugement et les seuils liturgiques

Ézéchiel 38-39 met en scène une confrontation finale et implacable, non pas avec un empire historique, mais avec les résidus théologiques du chaos. Il se situe après la vision des ossements desséchés et de la réunification nationale (chap. 37), mais avant le détaillé vision du nouveau temple (chapitres 40–48), ces chapitres se situent dans une zone liminaire entre la résurrection et l'habitation. Gog de Magog, invoqué, et non simplement autorisé, incarne l'opposition qui doit être rituellement éteinte avant que la présence divine puisse revenir habiter. Ici, l'eschatologie devient liturgie: le combat divin est moins une bataille qu'une purification, et le rôle d'Israël n'est pas de combattre, mais de purifier, d'enterrer et de se souvenir. Il ne s'agit pas d'un fantasme géopolitique mais sacré seuil drame, où os sont non plus simplement ressuscitée, mais nommée et enterrée. La terre ne doit pas seulement être restaurée; elle doit être rendue saint.

Temps littéraire

Ézéchiel 38-39 ne contient aucune formule de datation précise, mais son placement dans le rouleau est hautement intentionnel. La vision survient après la résurrection des ossements desséchés (Ézéchiel 37), où la restauration nationale est proclamée, mais avant la

112

révélation de la présence divine dans la vision du temple d'Ézéchiel 40-48. Israël est décrit comme "habitant en sécurité" (38:11), non par présomption naïve, mais dans un état de stabilité accordé par Dieu. Le pays a été restauré, le peuple reconstitué, et aucun oracle de jugement ne lui est adressé.

Pourtant, dans ce calme sanctifié surgit une menace inattendue: Gog, venu du pays de Magog. Son arrivée, cependant, n'est pas autonome. YHWH l'attire explicitement, lui plantant des crochets dans les mâchoires (38:4), stimulant son mouvement (38:16) et orchestrant la rencontre. Israël ne provoque pas la guerre qui éclate, et elle n'est pas permise par le hasard. Elle est divinement orchestrée, non pas pour discipliner Israël, mais pour exposer et éradiquer ce qui ne lui appartient pas.

À l'époque littéraire, cette bataille ne constitue pas l'apogée de la restauration, mais une purification finale avant le retour de la gloire de Dieu dans le temple nouvellement construit (Ézéchiel 43). La terre a été purifiée; Israël fonctionne désormais comme un corps sacerdotal, occupant silencieusement l'espace sacré. L'intrusion de Gog constitue une brèche entre le profane et le saint. Seul YHWH répond, non pas en commandant militaire, mais en gardien souverain de la sainteté.

Le silence d'Israël n'est donc pas une passivité, mais une posture. Le peuple n'est pas appelé au combat, car il a déjà été mis à part. Sa présence affirme l'ordre divin; son inaction signale la séparation sacerdotale. Gog ne le menace pas directement, mais menace la frontière de la sainteté que Dieu a désormais rétablie.

L'absence de date renforce la charge symbolique de ce moment. La scène se déroule dans un cadre liturgique suspendu, entre restauration spatiale et présence divine. Avant que le nouveau temple puisse

113

être révélé, le pays doit être purifié. Ce qui apparaît comme une bataille extérieure est en réalité une défense sacerdotale de l'ordre sacré. C'est YHWH, et non Israël, qui impose l'acte final de séparation, ouvrant la voie au retour de la gloire dans Ézéchiel 40-48.

Flux communicatif

Ézéchiel 38-39 met en scène une confrontation cosmique, mais sa dynamique communicative ne vise pas uniquement l'ennemi. La vision joue plutôt un drame rhétorique dont Israël est le véritable auditeur. L'Expéditeur est YHWH, qui non seulement prédit, mais convoque activement Gog, un adversaire attiré par l'appât divin, et non par l'ambition personnelle (38:4). Le Messager est Ézéchiel, qui lance à la fois l'appel au combat et l'interprétation de ses conséquences. Le Destinataire désigné est Gog (38:2), mais le véritable public est Israël, qui entend les accusations et doit en comprendre les implications.

Cette adresse indirecte suit une stratégie ézéchielienne récurrente: un discours prophétique adressé à des entités déplacées (montagnes [6:2], portes [11:1], ossements [37:4]), qui renvoie à une vision théologique d'Israël. Ici, s'adresser à Gog sert de miroir eschatologique: le jugement dernier ne consiste pas seulement à vaincre les ennemis, mais à purifier la terre pour préparer le retour de YHWH. Israël n'est pas la cible, mais l'héritier des conséquences de la vision.

Forme et genre

Ézéchiel 38-39 combine des éléments de: vision apocalyptique, bataille cosmique et intervention divine; procès de l'Alliance, un procès contre Gog, aboutissant à la destruction; la lamentation liturgique, le festin du charognard et les rites funéraires; et la purification sacerdotale, le marquage des os, le brûlage des armes, la purification des terres.

Chaque forme intensifie le sentiment de finalité et de clôture rituelle. Les détails grotesques (enterrement du cadavre, incendie septennal, festin de charogne) transforment la guerre en sacrifice drame, faisant écho Lévitique et La logique du *herem* (total) du Deutéronome destruction pour la sanctification divine).

Symboles et mots-clés

Ézéchiel 38-39 est riche en renversements symboliques et en langage ritualisé. Bien que stylisé comme une bataille apocalyptique, l'épisode est plus liturgique que militaire. Son imagerie transforme la destruction en purification, invitant le public à réinterpréter la victoire à travers des catégories sacerdotales et spatiales plutôt que le triomphe impérial. Chaque symbole devient ainsi non seulement un procédé narratif, mais aussi un signal théologique de transition et de seuil.

Gog de Magog: Un ennemi mythique représentant Opposition ultime au règne de YHWH. Gog n'est pas un personnage historique, mais un repoussoir théologique invoqué par YHWH pour être détruit, soulignant ainsi l'initiative divine (38:4).

Armes en feu (39:9–10): Israël utilise les armes de Gog comme combustible pendant sept ans, à la fois purification symbolique et renversement de la dépendance. Ce qui menaçait autrefois la vie la soutient désormais.

Enterrement collectif (39:11–16): La vallée de Hamon-Gog devient une nécropole. Israël y joue un rôle sacerdotal en purifiant la terre par l'enterrement, en nommant les ossements et en érigeant des stèles.

Fête des oiseaux (39, 17-20): La fête des charognards imite les rites sacrificiels (cf. Apoc. 19), mais les inverse. Les ennemis ne sont pas des adorateurs, mais des offrandes. Cette liturgie grotesque met l'accent sur la domination divine.

Hamon-Gog: "La multitude de Gog" devient à la fois un lieu de sépulture et un lieu de mémoire, consolidant la transition d'une terre profanée à une terre reconsacrée.

Ensemble, ces images présentent la défaite de Gog non pas comme un récit de guerre épique, mais comme un rituel de purification. La vision ne glorifie pas la violence, mais la détourne. La tâche d'Israël n'est pas de combattre, mais de se souvenir, d'enterrer et de sanctifier. La restauration ne passe pas par la conquête, mais par une transformation rituelle, un prélude approprié à la vision du temple qui suit.

Dans la salle de classe

Cartographie rituelle: Tracez la séquence depuis la résurrection (chap. 37) jusqu'à la purification (chap. 38-39) et au sanctuaire (chap. 40-48). Comment la sainteté est-elle structurée?

Mise en scène des rôles: Attribuez Gog, Ézéchiel et les enterreurs d'ossements. Réfléchissez au poids théologique de chaque rôle.

Juxtaposition textuelle: Comparez Lévitique 26, Apocalypse 19 et Ézéchiel 39. Quelles convergences et tensions émergent dans leur traitement du jugement et de la sainteté?

Invite clé: Pourquoi Gog est-il nécessaire après les os augmenter? Quoi fait il signifier que Dieu purifie le terrain avant d'entrer il?

Prédications et idées

Prêchez Ézéchiel 38-39 non pas comme une prédiction de la guerre de la fin des temps, mais comme un seuil théâtral. Gog n'est pas un futur terreur; il est final impureté. Son effacement marque l'ouverture pour YHWH retour.

La tâche du prédicateur n'est pas d'expliquer l'identité de Gog, mais de révéler la logique liturgique de Dieu: pas de résurrection sans purification. Pas de présence sans espace sanctifié.

La chute de Gog n'est pas une victoire nationale; c'est une victoire sacerdotale fardeau. Le sermon devient un appel à porter ce fardeau: marquer les os, enterrer le passé et soigner la terre jusqu'à ce que la sainteté puisse revenir. "Qu'est-ce que cela signifierait?" prédicateur pourrait demander, "si le le plus saint chose nous pourrait Il faut enterrer ce que Dieu a détruit afin que la présence de Dieu puisse venir encore?"

Ézéchiel 40–48: La vision du temple et l'architecture de la prévention Sainteté

La vision finale d'Ézéchiel suspend la résolution au profit de la révélation. Contrairement aux oracles précédents qui faisaient appel à l'émotion ou à l'exhortation, cette séquence centrée sur le temple se déroule avec une précision austère: mesures, limites, autels, portes. Point de grand prêtre, ni d'arche, ni de foule en chant; seul un prophète voit, marche et consigne. La restauration n'est pas ici envisagée comme un retour nostalgique, mais comme une sobriété architecturale: une conception de l'espace sacré structurée pour prévenir toute rechute. L'absence d'acteurs politiques, la subordination du *nāśî* et la répartition méticuleuse du sacré et du profane marquent un passage de la repentance émotionnelle à la

117

discipline spatiale. Le temple ne s'enfonce pas dans l'histoire ni ne naît d'un effort collectif; il flotte, évoquant le trône mobile d'Ézéchiel 1, telle une construction visionnaire invitant à l'intériorisation. La vision plane, accessible non par construction, mais par la contemplation. En ce sens, Ézéchiel 40-48 ne se termine pas par une arrivée, mais par une orientation: une sainteté cartographiée qui ne célèbre pas la restauration mais la protège.

Temps littéraire

La date d'Ézéchiel 40:1 ("La vingt-cinquième année de notre exil, au commencement de l'année, le dixième jour du mois") se distingue par sa précision et son ouverture d'interprétation. Cette formule diffère des autres formules de date d'Ézéchiel. Elle contient de manière unique l'expression *Roch Hachana (début* de l'année), soulignant ainsi son statut théologique et narratif exceptionnel. Si le livre d'Ézéchiel contient de multiples formules de date, aucune n'est aussi évocatrice liturgiquement que celle-ci. Une comparaison avec Ézéchiel 29:17 clarifie les enjeux: bien qu'il utilise également une structure similaire, cet oracle lit simplement "le premier jour du premier (mois)", sans utiliser explicitement l'expression *Roch Hachana.* Cette différence suggère que, contrairement à 29:17, Ézéchiel 40:1 ouvre un prisme liturgique de significations. L'ambiguïté réside dans le fait que deux grands systèmes de calendrier juif, civil et cultuel, offrent des interprétations concurrentes du moment où tombe "le début de l'année".

Si l'on lit Ézéchiel 40:1 à la lumière du calendrier civil, *Roch Hachana* désigne le premier jour de Tishri, et le "dixième jour" renvoie alors à *Yom Kippour.* Si l'on opte pour le calendrier cultuel ancré dans Exode 12:2,

118

alors "le début de l'année" désigne Nissan comme le premier mois, et le dixième jour renvoie plutôt à la préparation de Pessah, plus précisément au jour du choix de l'agneau (Exode 12:3).

Ce qui rend cette ambiguïté productive plutôt que problématique réside dans son positionnement narratif et théologique. Il est important de noter que les doubles possibilités d'interprétation ne découlent pas d'une incertitude textuelle, mais de l'approche compositionnelle de la vision. Si l'on suppose que la vision a été reçue directement et transmise avec précision par Ézéchiel, il avait alors une date précise en tête, soit Nisan, soit Tishri.

À l'inverse, si l'on considère la vision comme une construction littéraire d'un auteur implicite, la mention de *Roch Hachana* pourrait suggérer une ambiguïté intentionnelle dans le texte lui-même.

Lecture 1: Tishri 10 – Yom Kippour comme cadre

Si la référence est au dixième jour de Tishri, alors Ézéchiel reçoit cette vision du temple le jour de *Yom Kippour,* le Jour des Expiations. Cette lecture s'accorde avec le contexte prophétique: le temple avait été détruit; le peuple avait été souillé. Or, le jour même qui marquait la repentance nationale et la purification du sanctuaire (Lévitique 16), Ézéchiel se voit montrer un nouveau sanctuaire. La résonance théologique est forte: avant que la gloire ne revienne, l'espace doit être redéfini.

De plus, *Yom Kippour* est suivi de *Souccot* (15-21 Tichri), la fête qui commémore les habitations d'Israël dans le désert après l'Exode. Il est à noter que *Souccot* n'est pas célébrée dans le désert lui-même, mais seulement après l'entrée d'Israël dans le pays. Ainsi, le cadre de *Yom Kippour* suggère que cette vision se produit dans les derniers jours de l'errance, en préparation d'une nouvelle habitation permanente. La séquence de *Yom Kippour* à *Souccot* devient un arc symbolique: purification → nouvelle habitation → joie.

Dans la tradition liturgique plus large, les dix jours entre *Roch Hachana* (1er Tichri) et *Yom Kippour* constituent les *Yamim Nora'im,* les Jours de Redoute, un temps de réflexion, de repentance et de préparation à la rencontre divine. La vision d'Ézéchiel se situe ainsi au point culminant de cette tension sacrée, offrant une réponse visuelle à une période de silence et de jugement.

Lecture 2: 10 Nisan – Préparation de Pessah et urgence prophétique

Alternativement, interpréter Ézéchiel 40:1 comme le 10 Nisan place la vision dans la préparation de la Pâque. Dans Exode 12:3, Dieu ordonne à Israël de choisir un agneau le dixième jour de Nisan et de le garder jusqu'au quatorzième, date à laquelle il sera sacrifié. Cette période liminaire, où l'on vivait avec l'agneau condamné à mort, devait préparer le peuple à la nuit de distinction et de fuite.

Dans ce contexte, la communauté exilée d'Ézéchiel devient analogue à Israël en Égypte: vivant sous la menace, mais se préparant à la délivrance divine. Ézéchiel voit le temple non pas comme un lieu d'arrivée, mais comme une promesse tenue en tension: un agneau demeurant avec le peuple, attendant la rédemption. Le temple est choisi, mesuré et révélé, mais pas encore rempli de gloire. Sa présence annonce un exode à venir.

Une interprétation plus approfondie apparaît lorsque l'on compare Ézéchiel 40 à Josué 4:19, où les Israélites traversent le Jourdain et entrent en Terre promise précisément le 10 Nisan. Lors de cette première entrée, la Pâque qui suit est marquée par la triste réalité que seuls deux individus de la génération de l'Exode ont survécu pour la voir. En revanche, la seconde entrée anticipée depuis Babylone (si Ézéchiel 40 est interprété comme ayant lieu le 10 Nisan) est marquée par la synchronicité, la publicité et l'unité tribale. Aucune tribu n'est exclue; aucun reste n'est laissé errant. La vision annonce un nouveau type d'entrée: une entrée où aucune génération n'est condamnée à mourir dans le désert. Plutôt que d'être fragmentée par la mort et les retards, la communauté traverse ensemble, pleinement rassemblée et pleinement visible.

Cette interprétation est renforcée par la vision des ossements desséchés en Ézéchiel 37:1-11, qui identifie explicitement les ressuscités à "toute la maison d'Israël", élargissant ainsi la portée du retour et de la restauration, tant temporellement que géographiquement. De plus, les oracles ultérieurs décrivent une réunification des tribus de Juda et de Joseph, annonçant un avenir post-babylonien où une réconciliation nationale aussi profonde deviendra possible. Le retour est unifié, mesuré et sanctifié.

Convergence théologique: pas l'un ou l'autre, mais un approfondissement des deux/et
Plutôt que de privilégier une lecture plutôt qu'une autre, Ézéchiel 40:1 semble délibérément placé de manière à évoquer les deux. La double plausibilité de *Yom Kippour* et du 10 Nisan renforce la force théologique de la vision du temple: il est à la fois expiation et anticipation, retour et exode, purification et distinction.

Flux communicatif
Dans Ézéchiel 40-48, la dynamique communicationnelle subit une profonde

transformation. Contrairement à Moïse ou à David, Ézéchiel ne reçoit pas l'ordre de construire un sanctuaire ni de conduire une communauté vers un renouveau liturgique. Il lui est plutôt demandé d'observer, de mesurer et de consigner: "Tout ce que tu vois, dis-le à la maison d'Israël" (40,4; cf. 43,10). Son rôle n'est pas celui d'un dirigeant actif, mais celui d'un scribe visionnaire chargé de documenter un temple qui n'existe que dans l'imagination divine.

La rencontre entière est structurée comme une visite visionnaire. Ézéchiel est guidé à travers une réalité architecturale pleinement réalisée, mais aucune mise en œuvre n'est imposée, et aucune figure humaine n'apparaît dans cet espace. Il n'y a ni fidèles, ni grands prêtres, ni rituels accomplis, seulement des murs, des portes, des mesures et une présence divine. La restauration n'est pas ici mise en scène, mais révélée.

Il est significatif que le public ne soit pas composé des contemporains d'Ézéchiel, mais d'un peuple différé: ceux qui, après avoir subi le jugement et l'exil, pourraient un jour connaître la honte et devenir réceptifs à la sainteté (43,10-11). La vision du temple devient ainsi un sanctuaire narratif, un espace conceptuel et théologique destiné à être porté intérieurement plutôt que reconstruit physique-ment.

La structure communicative reflète cette distance. YHWH ne parle qu'à travers les contours de l'espace sacré; Ézéchiel transmet, il ne prêche pas. Les destinataires sont anonymes, absents, et peut-être même à naître. Le silence n'est pas accidentel; il est architectural. Il n'y a ni exhortations, ni réactions immédiates. La restauration n'est ni immédiate ni dialogique; elle est ancrée dans la vision et attend d'être habitée par une imagination guérie.

Forme et genre

Les chapitres 40 à 48 se lisent comme un hybride de vision apocalyptique et d'instruction sacerdotale: 40 à 42: Mesures architecturales détaillées; 43 à 46: Règlements cultuels et sacrificiel systèmes; et 47–48: Cosmique réorganisation de la terre et de la tribu frontières.

Cette structure est parallèle à Exode 25-31 et, plus tard, à Apocalypse 21-22, avec toutefois des différences essentielles: il n'y a pas de constructeur, pas de liturgie d'autel, pas d'inauguration collective. Les mesures sont souvent incomplètes (par exemple, pas de hauteur du temple), ce qui renforce sa nature de schéma conceptuel et non de plan de construction.

Les attributions de terres (chap. 47-48) suppriment les territoires contestés (par exemple, la Transjordanie) et déplacent les tribus de manière symétrique, utopique mais pas paradisiaque. Ce n'est pas le paradis. C'est un idéal survivable, ancré non dans la transcendance, mais dans une régulation concrète. Comme le dit Soo Kim Sweeney, trop fantastique pour être réaliste, trop structuré pour être eschaton. C'est un parchemin mental, soutenant l'exilé par des pensées structurées possibilité.

Symboles et mots-clés

Cette vision présente des discontinuités radicales: les murs sont plus épais (40:5), créant des frontières plus dures entre le sacré et le profane. Derrière le Saint des Saints se trouve une chambre mystérieuse (41:12–15), l'espace privé de YHWH, jamais pénétré. Aucun espace n'est réservé à la Transjordanie, effaçant subtilement les zones de rébellion antérieure.
Encore, continuités rester: Zadokite prêtres retour, soulignant la lignée cultuelle (44:15–31). Un prince

davidique apparaît non pas comme roi, mais comme une figure subordonnée (45:7 17). Douze tribus et les lois lévitiques sont réinscrites, reliant la vision à ses racines mosaïques. La ville ne s'appelle plus Jérusalem, mais YHWH *Shammah* (48:35): "YHWH est là." Ce changement de nom est cosmétique; Elle marque une réorientation théologique complète. La ville devient un indicateur, un gardien, une boussole liturgique, et non une capitale monarchique ou un centre cultuel.

Géographie symbolique d'Ézéchiel 38-48: trois sommets, deux couches

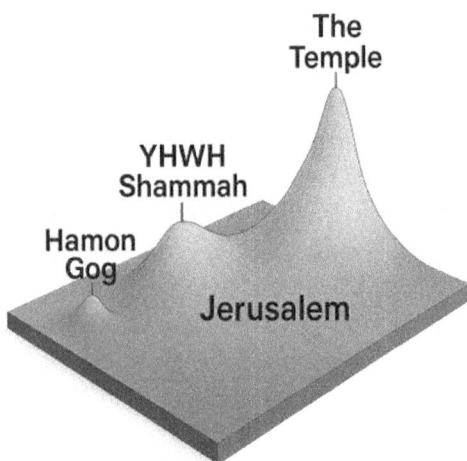

Cette illustration 3D modélise la géographie théologique des derniers chapitres d'Ézéchiel comme un paysage stratifié et tripartite, non seulement en termes d'élévation physique, mais aussi de signification symbolique et de rôle narratif.

Le Temple (Nord, plus haut sommet)

Fonction symbolique: C'est le centre sacré restauré. Il représente le retour de la présence divine

(Ézéchiel) 43), pas à travers nostalgique mémoire, mais à travers une nouvelle mesure sainteté.

Localisation: Au nord de la ville symbolique YHWH *Shammah,* surélevée et mise à part.

Rôle: Actes comme un saint balise, visible encore restreinte, source théologique de sainteté. Elle correspond aux modèles lévitiques, mais les dépasse en abstraction.

YHWH Shammah (Centre, Élévation moyenne)

Fonction symbolique: La nouvelle ville remplaçant l'ancienne Jérusalem, rebaptisée "YHWH est là" (48:35).

Superposition: Cette ville se superpose à la mémoire de Jérusalem. Elle n'est pas identique, mais située au même endroit, suggérant ainsi une résurrection identitaire par le changement de nom.

Rôle: Cité gardienne, reliant l'espace sacré (Temple) et l'espace purifié (Hamon-Gog). Elle joue un rôle de médiateur, ni sanctuaire ni champ de bataille, mais plutôt un point de repère vers le sacré.

Hamon-Gog (Sud, pic le plus bas)

Fonction symbolique: La vallée de la purification finale, associée à l'enterrement de l'armée de Gog (Ézéchiel 39).

Logique géographique: Probablement dans la région du sud-est, près de la mer Morte, faisant écho à l'emplacement traditionnel de le Vallée de Achor, un espace de honte et la purification.

Rôle: C'est la Porte de la Mort, le lieu du jugement dernier et de la purification rituelle. Elle scelle le passé et sécurise la terre pour la résidence divine.

Couche inférieure: Jérusalem (ancienne)

Non pas effacé, mais enfoui dans la mémoire. C'est le substrat spirituel sur lequel YHWH *Shammah* est bâti. Telles des cités palimpsestes, le nouveau recouvre l'ancien, honorant son existence tout en remplaçant ses structures défaillantes.

Couche supérieure: YHWH Shammah

La nouvelle identité, remplaçant le nom mais préservant sacrer géographie. La ville connecte vers le haut jusqu'au Temple et vers le bas jusqu'à la vallée funéraire, formant un axe vertical de transition de la honte à la sanctification.

Message théologique

Pas eschatologique Paradis: Ce temple et La ville n'est pas la Jérusalem céleste. On y trouve encore des ossements, des sépultures, corrections, et honte gestion. Ce n'est pas la consommation finale, mais le début d'une discipline restauration.

Mémoire architecturale: Le paysage est organisé pour la commémoration morale. La restauration n'est pas indulgente; elle est structurée et surveillé.

Double gardien: Hamon-Gog garde la porte sud, empêchant la honte et le retour de l'impureté. YHWH *Shammah* garde la porte nord, indiquant le retour divin et invitant à la vigilance.

Implication interprétative

Cette géographie invite lecteurs et exilés à ne pas retourner à Jérusalem telle qu'elle était, mais à se rapprocher de ce qu'elle pourrait devenir, à travers la mémoire, la structure et une vigilance sanctifiée. Ce n'est pas une ville de confort, mais une ville de discipline, de seuils et d'espoir différé mais préservé.

Fonctions thématiques

La restauration d'Ézéchiel n'est pas permissive; elle est préventive. Ces chapitres mettent en œuvre une théologie de la sainteté post-traumatique. La ville a été perdue. L'exil a redéfini la présence. Ce qui émerge maintenant n'est pas un retour nostalgique, mais une mémoire architecturale. La présence divine ne réapparaît que lorsque les frontières sont redessinées. L'accès des prêtres est restreint. Le culte est ritualisé. La communauté reste anonyme. La sainteté est ici préservée par la distance.

Dans la salle de classe

Ézéchiel 40-48 offre une occasion idéale d'apprentissage intégratif et interdisciplinaire. Sa vision détaillée allie précision architecturale, imagination théologique et implications liturgiques, ce qui en fait un lieu riche pour l'engagement des étudiants dans les domaines des études bibliques, de l'éthique et du design. Plutôt que de se concentrer uniquement sur l'analyse textuelle, les enseignants peuvent guider les étudiants vers une interprétation participative, où l'espace, le silence et l'absence deviennent des outils d'interprétation.

Projet d'éthique spatiale: Invitez les élèves à concevoir leur propre "espace sacré" avec des limites spécifiques. Que faut-il exclure pour préserver le caractère sacré de ce qui s'y trouve? Comment les portes, les barrières et les gradations d'accès construisent-elles un sens éthique?

Atelier de plan liturgique: Demandez aux élèves de comparer le temple visionnaire d'Ézéchiel avec le tabernacle de l'Exode et le temple de Salomon dans 1 Rois 6-8. Quels sont les postulats théologiques et politiques qui sous-tendent chaque structure? Qu'est-ce qui est révélé et qu'est-ce qui est restreint?

Herméneutique de l'absence: Animer un séminaire de discussion sur ce qui n'est pas dans la vision finale d'Ézéchiel. Pourquoi n'y a-t-il pas de grand prêtre, pas d'arche, pas de culte communautaire visible? Comment l'absence pourrait-elle fonctionner non pas comme une perte, mais comme une réorientation théologique?

Cette vision invite les étudiants non seulement à lire le temple, mais à réfléchir à ce que la sainteté exige en termes d'espace, de structure et de silence.

Prédications et idées

Ézéchiel 40–48 est pas une commission à construire, mais Une méditation sur la manière de porter la sainteté à travers l'exil. Le prophète n'est pas un architecte, mais le témoin d'une structure si sacrée qu'elle ne peut être touché.

Cette vision n'était pas destinée à être construite, du moins pas encore. Elle a été donnée pour soutenir, pour créer "un petit sanctuaire" en exil (11:16), un sanctuaire vivant dans l'imaginaire, et non dans le paysage.

Les prédicateurs doivent résister à la surinterprétation eschatologique. Ce n'est pas Révélation 21. Il est la condition préalable au retour sacré, le plan qui aide un peuple brisé à croire qu'il pourrait encore y avoir une forme, un sens et présence.

Le message à la fin de Ézéchiel n'a pas terre, elle s'élève. Elle attend, planant au-dessus du texte, comme la gloire au-dessus du temple. Non pas une fin, mais une ouverture.

Ézéchiel 40-48 n'est pas facile à prêcher. Mais il offre l'un des tournants théologiques les plus profonds des Écritures: l'espérance sans possession. Le temple est attiré, mais on n'y entre pas. Dieu est présent, mais pas partout. Le prédicateur doit nom ce architecture de retenue comme partie de la miséricorde divine. Et si la restauration exigeait une refonte? Et si la présence exigeait une limitation? L'appel n'est pas de réclamer, mais de recevoir avec révérence et distance.

Conclusion de la partie II

L'architecture d'Ézéchiel n'est pas ornementale. Elle est théologique. Depuis symbole à silence, depuis vision à Dans ce vide, le livre s'exprime autant par sa structure que par son discours. Dans la deuxième partie, nous avons retracé comment le livre d' Ézéchiel déploie sa théologie, non par la clarté, mais par la construction. Le jugement est orchestré. L'espoir est limité. La parole est mesurée.

Les chapitres 4 et 5 passent de la macrostructure à la micro-performance, de la conception globale du rouleau à ses actes symboliques les plus choquants. Chaque passage marque une rupture, que ce soit par le silence d'Ézéchiel 24 ou la vision architecturale des chapitres 40 à 48. La forme, chez Ézéchiel, ne décore pas le contenu. Elle est le contenu. Il ne s'agit pas d'une prophétie en tant que persuasion, mais d'une prophétie en tant qu'infrastructure.

Partie II a montré nous que dans Ézéchiel, le forme du parchemin est le message: sa désorientation, son retard, son scellé espoir. Le rouleau est conçu pour s'ouvrir lentement. Le peuple est peut-être parti. Le temple est peut-être froid. Mais la vision persiste.
Il reste maintenant à se demander: comment vivre avec ce genre de parchemin? C'est le sujet de la troisième partie.

Partie III
Vivre avec Ézéchiel

Ézéchiel n'est pas un livre que l'on finit simplement; Il s'agit plutôt d'un parchemin qui s'ouvre sur la désorientation et se ferme sur un espoir. Alors que la deuxième partie explore les stratégies rhétoriques et les séquences littéraires, la troisième se concentre sur les réflexions théologiques. Cette section ne se demande pas principalement: "Qu'a fait Ézéchiel et comment?" "Que devons-nous dire?" mais plutôt "Que devons-nous maintenant emporter?" Le lecteur se transforme d'interprète en héritier théologique, portant un parchemin qui reste vibrant de questions non résolues tension.

Comment coexister avec un prophète dont le corps incarne la rupture divine? Que signifie prêcher à partir d'un texte où le jugement étouffe la parole et où la restauration se fait sans consentement? Ici, il est proposé qu'Ézéchiel ne propose pas un chemin vers ce qui a été perdu, mais un plan pour empêcher un retour aux circonstances qui ont conduit à la chute du peuple. La vision du prophète n'est pas nostalgique; elle est architecturale, dessinant des limites là où le traumatisme régnait autrefois sans limites et cartographiant la sainteté là où la profanation avait prévalu. Ézéchiel n'est pas seulement un prophète de l'exil; il est un dramaturge de la prévention. Plutôt que de tenter de résoudre les contradictions d'Ézéchiel, la troisième partie les embrasse. Elle identifie les lacunes, cartographie les questions et écoute les répercussions éthiques d'un Dieu qui abandonne et revient à la fois.

Les chapitres de la troisième partie suivent cette trajectoire à travers plusieurs angles. Le chapitre 6 offre une synthèse thématique du vocabulaire théologique d'Ézéchiel, retraçant la présence, le jugement et la restauration à travers le rouleau. Le chapitre 7 explore les tensions théologiques non résolues qui continuent de façonner son horizon interprétatif. Le chapitre 8 réfléchit à la prophétie incarnée d'Ézéchiel et à l'éthique du traumatisme, lisant le rouleau à travers le prisme de l'expérience corporelle et de la communication différée. Le chapitre 9 examine les défis homilétiques et les possibilités de la prédication d'Ézéchiel aujourd'hui. Le chapitre 10 se conclut par une lecture de l'architecture d'Ézéchiel fondée sur la prévention, la mémoire et la vigilance théologique, invitant les lecteurs à marcher avec un rouleau qui reste ouvert.

Chapitre 6
Problèmes et thèmes du livre d'Ézéchiel

Le livre d'Ézéchiel présente une constellation de motifs théologiques, à la fois intenses, étranges et finalement irrésolus. Plutôt que de se dérouler selon un ordre systématique, sa théologie est tissée de vision, de mise en scène et de silence. Ce chapitre identifie cinq axes thématiques qui définissent le terrain théologique du rouleau.

Présence et absence divines? Ou endurance divine?

La vision inaugurale d'Ézéchiel débute par une rupture visuelle et spatiale: le kavod (gloire) de YHWH apparaît au-dessus du canal du Kebar à Babylone, et non à Jérusalem. La mobilité de la présence divine, illustrée par un char-trône porté par des créatures vivantes et des roues entrecroisées, déstabilise l'attente théologique selon laquelle la sainteté réside uniquement dans le temple ou la terre sainte. Dès le début, la présence de Dieu se révèle dynamique, capable de se déplacer vers l'avant et vers l'arrière, à la fois visible et cachée.

Cette mobilité laisse finalement place à ce qui semble être une absence: dans Ézéchiel 10-11, le kavod quitte le temple, s'arrêtant d'abord au seuil, puis remontant la ville. Le mouvement n'est pas brusque, mais mis en scène, comme s'il était réticent. Un tel schéma a parfois été interprété comme l'expression d'un rejet divin.

Cependant, la cadence interne du rouleau suggère quelque chose de plus soutenu: une théologie de l'endurance. Le lent départ reflète une endurance tacite, une patience divine sous pression. Cette retenue est exprimée de la manière la plus poignante dans Ézéchiel 6:9: "J'étais brisé par leur cœur corrompu." À cet instant, la colère et le chagrin divins convergent. Le pathétique n'est pas théâtral, mais intérieur. L'endurance divine n'apparaît pas comme une simple tolérance, mais comme une souffrance mutuelle, une douleur qui persiste même lorsque la relation s'effondre.

De plus, la présence divine n'a pas complètement disparu. La sainteté qui emplissait autrefois le temple n'est pas éteinte, mais maintenue en tension, accompagnant les exilés dans le silence et la perte. Ainsi, la présence divine en Ézéchiel est repensée comme une présence contrainte, retenue avec compassion pour permettre la recréation. Ézéchiel 11:16 révèle que YHWH est devenu pour les exilés un *miqdash me'at*, un petit sanctuaire. Tandis que le temple principal est abandonné au jugement, Dieu offre un fragment de sa présence en exil. Ce geste théologique subtil affirme que l'endurance divine n'est pas seulement cosmique, mais communautaire: Dieu demeure parmi le peuple sous une forme diminuée. La communauté exilée n'est ainsi pas entièrement abandonnée; elle est entraînée dans une endurance partagée.

Plus tard, dans Ézéchiel 43, la gloire divine revient, mais pas comme un simple renversement. Le retour est silencieux, mesuré et encadré par des limites précises. Ézéchiel n'est pas chargé de construire ce temple, mais seulement d'observer et de consigner. La nouvelle structure est marquée non par l'exubérance, mais par la prudence. Son silence, sa symétrie et son

136

ordonnancement spatial sont autant d'échos architecturaux de la retenue divine. Cette vision ne défait pas l'exil; elle le réoriente, offrant un espace sacré, conservé dans la mémoire avant d'être matérialisé dans la pierre.

Dans cette optique, la présence et l'absence divines chez Ézéchiel ne sont pas des catégories binaires, mais des étapes dans un arc théologique plus vaste. YHWH s'en va non pas par rejet, mais pour préserver la sainteté. Il demeure, en exil, tel un *miqdash me'at*, aux côtés du peuple. Et lorsqu'il revient, ce n'est pas pour une consolation immédiate, mais avec un dessein réfléchi, invitant le peuple à égaler l'endurance divine par la sienne.

Ainsi, le témoignage prophétique d'Ézéchiel est celui d'une attente partagée. L'endurance divine ne nie pas l'absence; elle lui donne forme, sens et, finalement, direction.

Jugement et justice

Le d'abord moitié du rouleau est dominé par des oracles de jugement avec des métaphores de siège, de sang, d'infidélité et d'impureté. Le prophète déclare la culpabilité avec la voix de la certitude. Et pourtant, la violence de la réponse divine demeure éthiquement déstabilisante. La justice peut-elle ressembler à cela? Ézéchiel insiste que YHWH jugement est purgatif plutôt que vindicatif; il vise à purger, et non simplement à punir. Mais cette affirmation n'est pas formulée avec douceur texte Il ne dilue pas son traumatisme et n'invite pas à une justification théologique facile. Il invite le lecteur à tenir la justice de Dieu d'une main et l'horreur de l'exil de l'autre, sans jamais lâcher l'une ou l'autre.

Prophétie incarnée

Contrairement aux autres prophètes, le message d'Ézéchiel n'est pas seulement parlé; il est vécu, exprimé et souffert. Il est frappé de mutisme, lié, sommé de rester immobile pendant des mois et de manger des aliments impurs. Sa femme meurt, et il lui est interdit de le faire à pratique n'importe lequel deuils rituels. Le le prophète devient le message. Ce soulève questions d'agence prophétique: A fait il consentement? A fait il comprendre? Quoi Que signifie la parole de Dieu qui brise non seulement les pierres, mais aussi le corps du prophète? L'incarnation d'Ézéchiel renforce la prophétie au-delà proclamation et dans performance où la vérité théologique est communiquée par le geste, la contrainte et même douleur.

Responsabilité communautaire et reconfiguration morale

L'une des interventions d'Ézéchiel les plus marquantes sur le plan théologique est la reconfiguration de la responsabilité communautaire et générationnelle. S'écartant audacieusement de la formule de châtiment ancestrale du Décalogue ("punir l'iniquité des pères sur les enfants jusqu'à la troisième et la quatrième génération" [Exode 20:5]), Ézéchiel 18 insiste: "L'âme qui pèche mourra." Cet oracle ne nie pas la responsabilité communautaire et ne prône pas l'individualisme moderne. Il établit plutôt une distinction entre culpabilité héréditaire et responsabilité découlant de l'alliance. Le prophète met au défi la génération exilée de ne pas blâmer ses ancêtres, mais de s'engager dans une repentance collective. Si la communauté peut encore subir les conséquences des péchés de ses membres, reflétant la réalité persistante de l'imbroglio moral, l'accent théologique a changé:

138

chaque génération, et même chaque personne, est appelée à répondre à YHWH avec intégrité.

La vision d'Ézéchiel défend ainsi un modèle de responsabilité à la fois personnelle et collective. Elle rejette la victimisation passive tout en affirmant que le péché a des répercussions au sein de la communauté de l'alliance. L'appel n'est pas à l'isolement, mais à un tournant partagé, à une reconstitution de l'identité communautaire par la reconnaissance mutuelle des fautes et une participation collective au renouveau.

Pourtant, le texte reconnaît également une douloureuse asymétrie morale: lorsque la communauté dans son ensemble est corrompue, les individus justes peuvent manquer de pouvoir pour réorienter le cours des choses. Ces personnes, innocentes mais impliquées, deviennent souvent des voix isolées de protestation, se lamentant contre la marée montante. Ézéchiel les nomme non seulement sur le plan éthique, mais aussi liturgique. Dans Ézéchiel 9, cette minorité fidèle est identifiée comme "ceux qui soupirent et gémissent à cause de toutes les abominations commises à Jérusalem" (v. 4). Loin d'être ignorés, ces endeuillés sont divinement marqués d'un tav sur le front, signe de préservation qui fait écho au sang de la Pâque sur les montants des portes des Israélites (Exode 12:7). Ils sont épargnés non pas parce qu'ils se sont retirés de la communauté, mais parce qu'ils y sont restés moralement engagés.

Cette vision fait écho à l'enseignement ultérieur de Jésus: "Heureux les affligés, car ils seront consolés" (Matthieu 5:4). Ézéchiel 9 affirme que la lamentation n'est pas un échec de la foi, mais son expression la plus complète dans un monde en ruine. À travers le témoignage plaintif de quelques-uns, une éthique du reste émerge: même lorsque la majorité est insensible, l'attention divine se porte sur ceux qui pleurent en solidarité. Ils ne sont pas de simples survivants; ils sont les germes d'une nouvelle communauté.

Espace sacré et reterritorialisation

Bien qu'Ézéchiel pleure la profanation du temple, il n'envisage pas sa restauration comme un simple retour aux anciennes frontières. Au contraire, les derniers mouvements du livre, notamment l'enterrement des forces de Gog à Hamon-Gog (39:11-16), redéfinissent le territoire, le peuple et l'identité sacrée selon une logique de reterritorialisation. Ce qui en ressort, c'est la géographie et une communauté transformée par la purification et le renouvellement de l'alliance.

Hamon-Gog (littéralement la multitude de "Gog") devient une nécropole, un liminal site où le résidu d'opposition cosmique est enterré par le peuple d'Israël lui-même. Ici, l'acte d'enterrement n'est ni fortuit ni pragmatique; il est liturgique. Le personnes transition Des survivants passifs aux prêtres actifs, ils reconquièrent le territoire non par la conquête, mais par un travail sacré. En marquant les ossements et en purifiant la terre, ils la préparent rituellement au retour de la présence de YHWH.

Cette reterritorialisation s'étend au-delà de la géographie et s'étend à la vocation. Israël, autrefois objet de jugement, en devient désormais l'agent, non par la violence, mais dans sanctification. L'acte d'enterrement signaux Une inversion théologique: ceux qui étaient autrefois comptés parmi les morts (cf. ch. 37) sont désormais ceux qui exercent le ministère auprès des morts. En accomplissant ce devoir sacerdotal, le peuple retrouve la vocation, évoquée pour la première fois dans Exode 19, d'être un royaume de prêtres et une nation sainte, médiatrice entre YHWH et les nations.

La reconfiguration de l'espace sacré dans les chapitres 40 à 48 obéit à une logique particulière: les lignées sacerdotales sont redessinées, et les rôles des Lévites et des Tsadokites sont restructurés pour un service renouvelé. Le territoire est redistribué, la répartition des tribus est réorganisée et les zones sacrées et profanes sont clairement délimitées. Jérusalem reçoit un nouveau nom; autrefois simple ville abritant le Temple, elle est désormais connue sous le nom de YHWH- *Shammah* ("L'Éternel est là" [48:35]), servant de guide aux pèlerins venant faire l'expérience de la présence de Dieu.

Ainsi, l'espace sacré n'est pas récupéré à partir de la mémoire mais construit à partir des conséquences. L'enterrement de Hamon-Gog n'est pas un épilogue au conflit, mais une ouverture à la présence. Le passage du peuple, du statut de jugé au statut de prêtre, de dispersé à sanctificateur, redéfinit son rôle: il n'est plus un bénéficiaire passif du secours divin, mais un médiateur actif de cette dernière sainteté. Dans la vision d'Ézéchiel, la reterritorialisation est une tâche, et la préparation du pays à la gloire ne dépend pas du triomphe militaire mais de la fidélité de ceux qui se préparent maintenant il.

Conclusion

Le livre d'Ézéchiel exige vigilance théologique et honnêteté morale. Les thèmes abordés dans ce chapitre – présence, justice, incarnation, responsabilité et espace sacré – ne résolvent pas les tensions du livre, mais les approfondissent. Les chapitres suivants se demanderont désormais: que se passe-t-il lorsque ces tensions sont non seulement interprétées, mais vécues? Que devient un prophète dont les souffrances étaient écrites? Et comment les communautés d'aujourd'hui peuvent-elles porter un rouleau qui refuse de se refermer?

Chapitre 7
Le corps du prophète, le traumatisme de la communauté
La médiation incarnée dans Ézéchiel

Ézéchiel ne parle pas simplement au nom de Dieu; il est fait pour devenir le message. Son corps est enrôlé dans un divin théâtre, devenir les deux un symbole et un Lieu de rupture théologique. Ce chapitre explore le corps du prophète comme une surface médiatrice à travers laquelle la douleur, le jugement et même les regrets divins sont rendus visibles. Le traumatisme de la communauté n'est pas seulement exprimé, mais mis en scène dans la chair même d'Ézéchiel. Et dans cette performance, le rouleau transmet la douleur sans offrir la promesse d'une guérison immédiate guérison.

Le Prophète comme seuil incarné
L'identité prophétique d'Ézéchiel n'est pas donnée par la parole mais à travers transformation. Il est silencieux (Ézéchiel 3:26), immobilisé (4:4–8), contaminé (4:12–15), rasé (5:1–4) et endeuillé (24:15–24). Son corps devient le lieu de messages divins que les mots seuls ne peuvent transmettre.

Cette incarnation perturbe prophétique catégories. Il n'est pas simplement un porte-parole, mais un seuil où le jugement divin, la souffrance humaine et la performance symbolique se rencontrent. Le rouleau retient à plusieurs reprises l'interprétation, laissant la communauté et le lecteur seuls affronter les implications sans résolution.

Deuil incarné, deuil différé et restauration de l'oubli: Ezéchiel 24

La mort de la femme d'Ézéchiel ("le délice de tes yeux") marque l'aboutissement de la prophétie incarnée (Éz 24, 15-27). Il lui est interdit de pratiquer le deuil public, un commandement qui rompt à la fois les normes culturelles et le deuil personnel. L'événement est doublement symbolique: il reflète la chute imminente de Jérusalem et la perte de Dieu lui-même. Pourtant, le texte n'offre aucun réconfort. Aucune réponse n'est enregistrée de l'auditoire. Le silence est assourdissant. Que signifie le fait de ne pas partager le deuil, de ne pas permettre le deuil? Ézéchiel devient une question théologique plutôt qu'une réponse pastorale.

Mais que se passerait-il si ces performances prophétiques n'étaient pas simplement illustratives? Et si elles étaient incarnées, reflétant non seulement la douleur divine, mais la médiatisant, visualisant la propre dévastation intérieure de YHWH dans le corps du prophète? Dans ce contexte, Ézéchiel n'est pas éloigné de Dieu pour souffrir à sa place, mais invité à l'expérience divine: "Qu'ils voient avec des yeux humains combien je souffre." Autrement dit, la douleur silencieuse d'Ézéchiel devient une icône vivante du Dieu qui retient sa compassion pour purifier son peuple. La sainteté ne peut être restaurée sans une rupture coûteuse, et le prophète porte le poids de cette rupture, non pas symboliquement, mais corporellement.

Si tel est le cas, l'appel tacite adressé aux lecteurs et aux prédicateurs d'aujourd'hui n'est pas seulement d'interpréter la mort de l'épouse du prophète comme un événement-signe, mais de recouvrer sa dignité. Elle n'a pas été pleurée publiquement, ni enterrée rituellement, ni nommée, et pourtant sa perte a marqué un seuil divin. En l'honorant aujourd'hui, les lecteurs accomplissent un deuil différé, interdit à l'époque. Il ne s'agit pas d'une simple guérison littéraire; c'est une réparation théologique. Les prédicateurs doivent inciter leurs communautés à devenir, rétrospectivement, les pleureuses dont elle a été privée. Ce faisant, non seulement ils honorent la blessure prophétique, mais ils reconnaissent le Dieu qui pleure en silence et dont l'amour, bien que voilé, perdure à travers le feu.

Ézéchiel: *Homo Sacer*? Ou un compagnon du divin Pathos?

Si nous acceptons la logique interprétative exposée ci-dessus, Ézéchiel 24 nous offre une rare fenêtre sur la littérature prophétique: la vulnérabilité divine. La perte subie par Ézéchiel n'est pas seulement la sienne; elle fait écho à la douleur de Dieu face à la souillure et à la destruction de la relation d'alliance. La douleur inexprimée dans Ézéchiel 24 reflète une tristesse divine trop profonde pour être exprimée par les mots. Et si Dieu était non seulement un juge, mais aussi un affligé? Et si le commandement divin de ne pas pleurer n'était pas un déni de la douleur, mais une inscription de celle-ci? L'obéissance d'Ézéchiel devient ainsi non seulement fidèle, mais complice de la souffrance divine, un fardeau qui transforme la vocation prophétique en une participation sacrificielle.

Dans cette optique, on peut se demander: Ézéchiel est-il un *homo sacer*, une figure marquée par l'exception sacrée et l'exclusion juridique, comme le théorise Giorgio Agamben, ou est-il un compagnon du pathos divin? La réponse pourrait être les deux. En effet, Ézéchiel présente de nombreuses caractéristiques de l'*homo sacer*: il est privé des protections juridiques ou relationnelles ordinaires, privé de deuil public et soumis à des commandements qui l'isolent des rythmes collectifs de deuil et de consolation. Il est sacré mais remplaçable, central mais exclu.

Mais cette lecture, bien que pertinente, n'est pas suffisante. Ce qui ressort de manière plus frappante dans le cas d'Ézéchiel est un renversement de la structure même de l'exceptionnalité. Dans le paradigme d'Agamben, le souverain et l'*homo sacer* définissent les extrémités opposées du spectre juridique: le souverain suspend la loi d'en haut, tandis que l'*homo sacer* en est exclu d'en bas. Pourtant, chez Ézéchiel, nous assistons à quelque chose d'inimaginable dans la théologie du Proche-Orient ancien: le Dieu souverain assume volontairement la position de l'*homo sacer*. Cet acte n'est pas imposé; il est choisi par lui-même. YHWH, n'ayant d'autre choix que d'être brisé en raison de la relation d'alliance de longue date (6,9), choisit de rester en exil (11,16), choisit de subir la profanation et le retard, tout cela au nom d'une purification nécessaire qui permettra la recréation.

Cet abaissement divin n'est pas abstrait. Il s'incarne dans les actes incarnés d'Ézéchiel. Si nous comprenons les gestes d'Ézéchiel non seulement comme une performance prophétique, mais comme des icônes visibles de la souffrance divine, alors le prophète n'est pas un simple serviteur, mais un co-souffrant. Dieu ne se contente pas d'ordonner la souffrance; il la subit. Et Ézéchiel devient le miroir où cette endurance divine se reflète pour le peuple.

Le but de tout cela? La purification. Sans purification, il ne peut y avoir de nouvelle création. Et pour que cette purification soit légitime, elle doit s'accompagner de la plus profonde compassion possible, une compassion si profonde qu'elle doit, pour un temps, être contenue. Ézéchiel est ainsi appelé non seulement à proclamer le jugement, mais à le subir. En cela, il montre au public exilé ce que signifie rejoindre Dieu non pas dans la souveraineté, mais dans la souffrance.

Et pourtant, une fois ce moment sacrificiel passé, une fois Jérusalem tombée et le deuil complet, que se passera-t-il alors? Le texte lance ici une invitation homilétique silencieuse: se souvenir et pleurer. Celle à qui le deuil a été refusé, l'épouse d'Ézéchiel, ne doit pas être oubliée. Sa mort, comme celle de tant d'autres, est devenue un symbole englouti dans le silence. Il appartient désormais aux lecteurs, aux auditeurs et aux prédicateurs de lui rendre son honneur. Ce faisant, ils ne se contentent pas de se souvenir d'une femme ou d'un prophète, ils participent au pathétique divin qui honore même les pertes les plus indicibles.

Traumatisme, archive et transmission: la prophétie comme vulnérabilité partagée

Le livre d'Ézéchiel n'est pas simplement un document prophétique; c'est une archive de traumatismes. Sa temporalité décousue, ses silences et ses ruptures soudaines, ainsi que les réactions ambiguës de son public, sont autant de signes d'un texte écrit et transmis dans un état de fracture. Le rouleau ne raconte pas la résolution; il la suspend.

Un auteur traumatisé

Ézéchiel, en tant que figure prophétique, ne délivre pas un discours divin avec clarté ni autorité. Son rôle est marqué par des silences involontaires (par exemple, 3:26; 24:27), par des actions symboliques qui isolent plutôt que de persuader (chap. 4-5), et par la perte insupportable de l'amour personnel (24:15-18). Il n'est pas simplement un porte-parole divin; c'est un témoin blessé. Son corps devient le lieu où la douleur divine est réfractée, mise en scène et différée. Le prophète n'explique pas le traumatisme, il l'archive. Le rouleau, sous cet angle, devient le réceptacle d'un témoignage différé.

Personnages traumatisés

La communauté exilique du récit partage cette condition. Leur parole est rare, leur libre arbitre minime. Lorsqu'ils s'expriment, leurs paroles sont souvent citées par YHWH, mais réprimandées (par exemple, 12:22-23; 18:2). Ils existent comme ceux qui "ont des oreilles mais n'entendent pas", non pas par rébellion seulement, mais par épuisement spirituel. Le traumatisme du déplacement, de la perte du temple et de la rupture historique les rend muets, sceptiques ou insensibles. Ils ne sont pas seulement les victimes du jugement; ils sont les porteurs d'une désorientation collective.

Lecteurs traumatisés

Les lecteurs modernes, notamment ceux marqués par la guerre, les déplacements, les souffrances religieuses héritées, voire les abus ecclésiastiques, abordent souvent Ézéchiel avec la même ambivalence. La dureté du jugement, l'éloignement de Dieu et le caractère différé de l'espoir peuvent leur sembler étrangement familiers. Pour ces lecteurs, le deuil non résolu du rouleau n'a pas besoin d'être expliqué. Il doit être reconnu. Le silence du texte devient le miroir de leur propre langage de lamentation différé.

Vers la reconnaissance mutuelle

Pourtant, au cœur de cette fracture commune se cache une possibilité. Si Ézéchiel est un scribe traumatisé, si son public est un peuple traumatisé, et si nous sommes, en partie, des lecteurs traumatisés, alors

148

la fonction du texte change. Il n'est plus une proclamation statique de la volonté divine. Il devient une archive dialogique, un lieu où le traumatisme n'est pas résolu mais nommé; où le deuil n'est pas nié mais retenu.

Dans un tel modèle, la guérison ne résulte pas d'une résolution immédiate, mais d'une reconnaissance réciproque. L'obéissance du prophète, le silence de la communauté et les questions en suspens du lecteur participent tous d'une transmission sacrée. Chacun témoigne des autres. Et ce faisant, ils ouvrent la possibilité d'une réponse future: une réponse qui console sans rejeter, qui se souvient sans idéaliser et qui honore la souffrance sans lui laisser le dernier mot.

Conclusion

Le corps d'Ézéchiel, brisé et non lu, devient une blessure sacrée, un lieu où l'intention divine et les limites humaines entrent en collision. Plutôt que d'expliquer La souffrance, le parchemin l'incarne. Plutôt que de résoudre le traumatisme, il l'enregistre.

Lire Ézéchiel, c'est s'asseoir avec cette lamentation incarnée, non pas pour l'interpréter, mais pour s'associer à son silence, en tracer les contours et, peut-être, se laisser transformer par son refus d'apaiser. Le prophète devient non pas un héros de la foi, mais un porteur de fracture à travers lequel la présence irrésolue de Dieu continue de parler.

Chapitre 8
Prêcher Ézéchiel dans les ruines et la rentrée

Prêcher sur Ézéchiel n'est pas une tâche pour ceux qui cherchent à expliquer la complexité. C'est un appel à s'attarder sur la perturbation divine et à donner voix à une espérance irrésolue. Dans un texte où la présence est mobile, les auditoires fragmentés et le prophète plongé dans le silence, le prédicateur ne ferme pas le rouleau, mais le rouvre.

Prêcher Ézéchiel, c'est marcher parmi les ruines, non pas en bâtisseur, mais en témoin. Le prédicateur n'est pas Ézéchiel, pas Éternel, et pas le reste. Elle est le celui qui entend par hasard. La tâche n'est pas à restaurer confiance, mais pour restaurer l'attention afin d'aider les communautés à entendre ce que Dieu a dit autrefois lorsque le monde s'est effondré, et ce que Dieu pourrait encore dire lorsque la restauration reste hors de question atteindre.

De l'interprète au participant
Traditionnelle homélie souvent moulages le prédicateur En tant que médiateur entre le texte biblique et le public moderne, il interprète, contextualise et applique. Mais avec Ézéchiel, ce modèle vacille. Le silence du prophète, ses oracles non reçus, ses pertes non pleurées et son deuil ritualisé résistent à la médiation. Ils exigent la participation.

Prêcher Ézéchiel exige du prédicateur qu'il devienne un lecteur-témoin, quelqu'un qui réintègre les malaises du texte, non pas pour les expliquer, mais pour

151

être formé par eux. C'est une herméneutique de la proximité: non pas "qu'est-ce que cela signifie", mais "qu'est-ce que cela fait de moi?" Le rouleau d'Ézéchiel forme ceux qui osent l'aborder, non pas avec clarté, mais avec disponibilité.

Ministère en retard

Ézéchiel incarne un ministère suspendu, différé et ignoré. Le prophète délivre des messages auxquels l'auditoire ne répond guère, accomplit des signes que personne ne commente et consigne des paroles pour un avenir qui pourrait ne pas se produire. Et pourtant, il reste fidèle, non pas en raison des résultats, mais grâce à la mission divine.

C'est profondément pertinent à contemporain ministère dans des contextes de fatigue spirituelle, de rupture communautaire ou de déclin institutionnel. Ézéchiel recadre le ministère prophétique le succès s'éloigne de la réponse mesurable vers un témoignage fidèle. Il enseigne que silence n'est pas échec, mais une forme de fidélité.

Prêcher en exil: cinq pratiques

Prêcher à partir d'Ézéchiel, c'est entrer dans un espace de rupture, où la parole vacille, où les corps absorbent le sens et où la présence divine cache autant qu'elle révèle. Le rouleau d'Ézéchiel exige une posture homilétique différente: une posture qui ne résout pas, mais accompagne; une posture qui ne fait pas taire le traumatisme ni ne précipite la guérison. Les cinq pratiques suivantes offrent un cadre pour prêcher Ézéchiel dans un esprit de fidélité exilique.

Résister à la résolution: laisser le texte rester tendu

Ézéchiel refuse d'offrir une conclusion facile. Ses métaphores restent floues, ses jugements non résolus et ses visions différées. Les prédicateurs doivent résister à la tentation d'apprivoiser ces tensions. N'atténuez pas la violence divine, n'exagérez pas le symbolisme et ne comblez pas trop vite les silences théologiques. Laissez place à l'ambiguïté et aux interruptions. Ce faisant, le sermon devient non pas une solution, mais un espace propice à la dissonance divine et à l'honnêteté humaine.

Honorer le corps: laisser le messager incarner le message

Les actes prophétiques d'Ézéchiel ne sont pas seulement verbaux; ils sont profondément corporels. Son silence, sa posture et ses mouvements portent le poids de l'intention divine. De même, la prédication aujourd'hui ne se limite pas à ce qui est dit, mais à la manière dont le corps parle. Le ton, le geste, le calme et le souffle comptent. Le corps du prédicateur devient un texte secondaire, traduisant la tension, le chagrin ou l'espoir contenus dans le rouleau.

Nommez le traumatisme: dites ce que les autres évitent

Ézéchiel nomme l'effondrement sans euphémisme. Il parle de la souillure du temple, de la désolation du peuple et du retrait de Dieu avec une clarté troublante. Les prédicateurs contemporains sont invités à faire de même. Lorsque les congrégations sont confrontées à l'apathie spirituelle, à la fragmentation ecclésiale ou au déni culturel, les sermons doivent exprimer une compassion sans faille. Une prédication véridique ne retraumatise pas; elle témoigne.

Engager l'écologie du déplacement : prêter attention au lieu comme texte théologique

Dans Ézéchiel, la terre écoute avant le peuple (Ézéchiel 36). Dieu s'adresse aux montagnes, aux rivières et au sol comme s'ils étaient des partenaires vivants de l'alliance. La prédication doit également tenir compte de l'écologie du déplacement, de la sainteté des espaces marqués, de la résonance des ruines, du sens des lieux perdus et réimaginés. La restauration n'est pas seulement spirituelle, mais spatiale. La présence de Dieu peut s'étendre au-delà du temple, mais elle ne quitte jamais la création.

Inviter sans clôture: accepter l'attente inachevée

Ézéchiel ne se termine pas par un retour, mais par une vision. Le nouveau temple a été dessiné, mais jamais construit. La ville est renommée, mais personne n'y est encore entré. De même, le sermon ne doit pas annoncer la guérison. Il doit plutôt témoigner de l'endurance divine et offrir un espace pour retenir son souffle. Quand Dieu s'arrête, nous nous arrêtons. Quand Dieu marque le temps en silence, nous attendons avec Lui. Le prédicateur devient celui qui garde les brebis près de lui jusqu'au retour du Berger.

Conclusion

Le livre d'Ézéchiel ne se limite pas à la question de savoir quoi prêcher. Il s'agit de savoir ce qu'est la prédication. Le rouleau insiste sur le fait que le ministère ne doit être ni triomphant ni désincarné. Il doit être accompli, enduré et parfois pleuré.

Le prédicateur n'est ni la gloire ni le peuple, mais celui qui se souvient et témoigne de ce qui a été vu. Comme Ézéchiel, les prédicateurs d'aujourd'hui portent des parchemins complets de feu, paradoxe, et sacré retard. Ne nous sont pas appelé à résoudre le texte, mais à prise il intact même quand personne ne semble écouter. C'est prêcher en exil. C'est le ministère de Ruines.

Chapitre 9
De Hamon-Gog à YHWH Shammah
L'architecture d'Ézéchiel pour empêcher le retour

Le livre d'Ézéchiel est souvent lu comme un rouleau de paroles différées communication, en forme par exilé et dislocation rhétorique. Pourtant, au-delà de son architecture communicative se cache une préoccupation plus structurelle: comment prévenir la rechute alliance échec. Depuis le grotesque enterrement site de Hamon-Gog (Ézéchiel 39) à la cité utopique de YHWH Shammah (Ézéchiel 48), Ézéchiel rédige une morale Cartographie où la présence divine ne devient durable que par la distance stratégique, la saturation rituelle et la honte visualisée. Il ne s'agit pas d'un idéalisme eschatologique; il s'agit d'une approche préventive théologie.

La question fondamentale et la solution fondamentale: la restauration divine, la récidive humaine

Au cœur de la théologie prophétique d'Ézéchiel réside un paradoxe à la fois inquiétant et porteur d'espoir: YHWH restaurera son peuple, mais celui-ci pourrait rechuter. Ézéchiel n'envisage pas une utopie naïve ni un peuple définitivement réformé. Au contraire, le rouleau construit une vision de restauration soigneusement structurée pour prévenir les infidélités récurrentes, une vision non pas de sainteté parfaite, mais de sainteté préventive. C'est pourquoi les cloisons, les mesures et le silence définissent le temple final. La restauration de la présence divine (Ézéchiel 43) est réelle, mais elle est aussi risquée. Dieu revient, mais seulement après une profonde purification.

Le problème humain fondamental est donc la récidive, une tendance persistante à la trahison masquée par la nostalgie religieuse ou la complaisance institutionnelle. Il ne s'agit pas simplement d'une faiblesse morale; il s'agit de l'incapacité à prendre conscience de la profondeur de son éloignement de Dieu. En ce sens, le problème fondamental n'est pas seulement le péché, mais l'oubli de la gravité de la violation, oubli qui conduit à la répétition.

Dans ce contexte, Ézéchiel propose une solution surprenante: non pas une loi plus stricte, ni de nouveaux rituels, mais la honte. "Alors vous vous souviendrez de vos mauvaises voies… et vous vous prendrez en dégoût à cause de vos iniquités" (Ézéchiel 36:31). Le peuple doit ressentir la honte, mais pas comme une honte sociale ou une humiliation infligée par l'ennemi. Il doit éprouver une honte éthique, intériorisée: la douleur sourde qui survient lorsqu'on voit enfin ce que Dieu a enduré pour rester.

Cette honte n'est pas un instrument de cruauté divine. C'est un signe d'éveil relationnel. Le peuple avait supposé que la colère de Dieu fût irrationnelle, ou qu'il était simplement dominé par les dieux de Babylone. Leur traumatisme avait déformé leur théologie. Mais lorsqu'ils comprennent que YHWH n'était pas vaincu, mais contenu, non vengeur, mais blessé, choisissant de supporter la profanation pour un jour habiter à nouveau parmi eux, alors la honte se transforme d'arme en miroir.

Voilà la solution fondamentale: non pas prévenir tout échec futur, mais créer une relation restaurée, fondée sur la mémoire partagée et la douleur mutuelle. La honte du peuple devient l'espace où il comprend enfin la compassion divine non pas comme une douceur, mais comme une contrainte coûteuse. Ainsi, Dieu remplace la honte imposée par ses ennemis par la tristesse issue de la perspicacité. Il ne s'agit plus de ce que Babylone leur a fait, mais de ce qu'ils ont fait à YHWH, et de ce que YHWH a enduré pour les accompagner encore.

Ainsi, la vision d'Ézéchiel ne se termine pas par une réconciliation idéalisée, mais par une communion solennelle et durable. Le peuple n'est pas innocent, mais il n'oublie plus. Sa honte n'est pas une condamnation; c'est une consécration. Et dans ce regret sacré, le cycle n'est peut-être pas brisé, mais il est rappelé et, par ce souvenir, racheté.

Le *Miqdash Me'at*: Maintenir la présence en suspension exilique

Entre la restauration divine et la rechute humaine se trouve un long moment suspendu, l'exil n'étant pas seulement une punition, mais une incubation spirituelle. Dans cette zone liminaire, le *Miqdash Me'at* ("le petit sanctuaire de Dieu parmi les exilés" [Ézéchiel 11:16]) fonctionne non pas comme un substitut au temple, mais comme un lien relationnel. C'est un accommodement sacré: une présence d'alliance proportionnée à la fragilité humaine, un geste d'endurance divine qui permet au peuple de survivre à sa honte sans rompre le lien.

Ce "petit sanctuaire" ne se définit pas par l'espace, mais par une attitude partagée. YHWH, s'étant retiré du temple souillé, n'abandonne pas son peuple à son sort; au contraire, il entre en exil avec lui sous une forme diminuée mais intentionnelle. Le *Miqdash Me'at* devient ainsi une théologie liminaire de la co-souffrance: tandis que le peuple assume sa culpabilité et sa confusion, Dieu restreint sa pleine présence, non par distance, mais par miséricorde. Cette présence comprimée fait écho à la logique éthique de la compassion divine: non pas une proximité complaisante, mais une endurance compatissante.

Miqdash Me'at protège fondamentalement contre les deux extrêmes: il empêche le peuple de s'accrocher au passé comme si rien n'avait changé, et il prévient le désespoir en signalant que la restauration demeure possible. C'est un pont théologique, non pas entre le jugement et le pardon abstraits, mais entre l'effondrement et la reconstruction, la culpabilité et l'intimité. Dans l'attente, le peuple n'a pas besoin d'un temple reconstruit; il a besoin d'un sentiment renouvelé que Dieu est avec lui, même sous une forme contrainte.

Dans la logique d'Ézéchiel, le peuple doit devenir digne d'être rappelé, et Dieu doit choisir d'être rappelé dans les lieux de fragmentation. Ce souvenir mutuel est ce qui transforme un petit sanctuaire en une demeure éternelle d'alliance. Le *Miqdash Me'at* préfigure ainsi une théologie de la proximité divine qui n'exige pas de reconstruction des structures, mais des cœurs réconciliés, passés par le feu, le silence et la honte, et qui désirent non seulement le secours de Dieu, mais aussi sa proximité.

Hamon-Gog: Géographie de la honte et de la mémoire

Ézéchiel 39 présente un lieu funéraire particulier: "la vallée de ceux OMS passer par, est de le mer" (39:11). Cette vallée, Hamon-Gog, n'est pas simplement une masse tombe; il est Un dispositif spatial de pédagogie théologique. Son emplacement, "sur la route des passants", suggère une visibilité publique. Les restes du jugement divin ne sont pas cachés, mais préservés comme un spectacle. Le processus d'enterrement lui-même s'étend sur sept mois (39:12) et requiert une participation collective, ritualisant la mémoire. Le marquage des ossements (39:15) transforme chaque voyageur en participant à l'alliance souvenir.

Théologiquement, Hamon-Gog fonctionne comme un "dispositif de la honte", un lieu où le souvenir de la rébellion passée n'est ni effacé ni vénéré, mais ancré dans le territoire lui-même. Comme la vallée d'Acor dans Josué et Osée, cette vallée devient un espace liminal où le jugement et l'espoir convergent. Pourtant, contrairement à Acor, Hamon-Gog n'offre aucune porte d'espoir. Il demeure une zone de mémoire scellée. En cela, il anticipe la fonction du temple d'Ézéchiel: non pas réconcilier honte, mais pour empêcher sa répétition.

YHWH Shammah: Présence sans possession

La ville à la fin du rouleau porte un nouveau nom: "YHWH *Shammah*" ("L'Éternel est là", 48:35). Mais il ne s'agit pas d'un retour à Jérusalem. Le nom de "Jérusalem" disparaît depuis les visions tout à fait. La ville n'est pas L'ancien trône a été restauré, mais un nouveau poteau a été installé. Il s'agit d'un signe plutôt que d'une destination. En cela, YHWH *Shammah* est le contrepoint narratif de Hamon-Gog. L'un marque ce qui ne doit jamais revenir; l'autre signale ce qui ne doit jamais être présumé.

Les deux sites servent de terminaux théologiques, de bornes aux marges de la mémoire humaine. La ville est nommée d'après sa présence, mais aucun récit n'enregistre la parole divine qui s'y trouve. Cette présence n'est pas performative; elle est symbolique. Théologiquement, cela implique une nouvelle position d'alliance: une proximité divine sans accès humain. Contrairement à l'Exode ou aux Rois, où la présence divine est corrélée à l'habitation, la conclusion d'Ézéchiel recadre la présence comme une grammaire spatiale. Dieu est là, non pas pour que nous le revendiquions, mais pour que nous l'approchions uniquement par une honte bien ordonnée.

Mémoire incarnée et retenue pédagogique: apprendre et prêcher la vision finale d' Ézéchiel

S'engager dans la vision finale d'Ézéchiel, c'est affronter une théologie qui privilégie le confinement au point culminant, les frontières à l'appartenance et la mémoire à l'immédiateté. Pour enseignants et prédicateurs même, ce la vision est à la fois troublante et instructif.

En classe, les élèves abordent souvent les chapitres 40 à 48 avec impatience: les longues coudées, les portes closes, la cité silencieuse. Mais, repensés à une architecture rituelle de prévention, ces éléments révèlent une forme différente de sophistication théologique. Le temple n'est pas dénué de sens, il est imprégné de prudence éthique. Un exercice pédagogique fructueux consiste à comparer le temple d'Ézéchiel à ceux de l'Exode et des Rois. Ce qui manque est aussi instructif que ce qui est présent: pas d'arche, pas d'éphod du grand prêtre, pas de fêtes communautaires. Ces omissions sont en elles-mêmes des sermons architecturaux.

Depuis cet angle, sacré espace devient un mode d'instruction. On peut se demander: que signifie pour Dieu de protéger la sainteté non pas de la souillure humaine, mais du souvenir humain erroné? Ézéchiel enseigne que le divin est non seulement proche, mais aussi protégé pour nous saké.

En chaire, ces chapitres exigent une posture homilétique contre-intuitive. Le prédicateur n'est pas appelé à adoucir la géométrie, à spiritualiser le silence ou à décoder chaque porte. Il est plutôt invité à prêcher la présence sans possession, à nommer la violence enfouie de l'histoire (Hamon-Gog) et à retracer comment. La fidélité de Dieu pourrait ressembler à de la distance plutôt qu'à une étreinte.

On pourrait imaginer un sermon intitulé "Le Dieu qui Attend Dehors le Porte", dessin sur l'imagerie de YHWH *Shammah*, une ville pas entré mais nommé. Ou Une méditation sur "La vallée que nous traversons", qui explique comment la mémoire divine demeure ancrée dans un lieu que nous n'habitons pas, mais que nous devons reconnaître. La prédication à partir de ces textes ne relève pas de l'enthousiasme eschatologique, mais de la sobriété éthique. La restauration n'est pas présentée ici comme un remède, mais comme une responsabilité.

Il s'agit de prêcher la maîtrise: aider les congrégations à porter le poids de la présence divine avec révérence, sans se sentir tout permis. Dans la vision finale d'Ézéchiel, l'espoir n'est pas facile; il est exigeant. Et c'est précisément son don.

Conclusion

La vision finale d'Ézéchiel n'est pas un rêve de consommation, mais un projet de prévention. Elle exclut faire du vélo d'automne et retour par intégration résistance en géographie. Hamon-Gog veille à ce que la mort soit commémorée. Le temple veille à ce que la sainteté soit réglementée. YHWH *Shammah* veille à ce que la présence ne soit jamais privatisée. Ensemble, ils construisent une théologie de gardé proximité, une vision où mémoire disciplines espoir, et architecture arrestations rechute.

Le Livre de Ézéchiel ainsi ferme pas avec La clôture, mais avec confinement. Le rouleau reste ouvert, mais son avenir est protégé. Ce qu'Ézéchiel offre n'est pas un paradis qui s'est écroulé, mais une structure qui rappelle la rapidité avec laquelle le ciel est profané. Dans un monde de ruine cyclique, Ézéchiel ne rêve pas du paradis, mais d'un sanctuaire suffisamment solide pour souviens-toi.

Conclusion de la partie III
La mémoire comme résistance, la présence comme menace

Ézéchiel ne se termine pas par un triomphe, mais par une tension. Sa vision ne se termine pas par un festin, mais par une ville nommée "YHWH est Là," une ville Non un encore habite. Le temple qu'il décrit n'est pas chaud par la prière, mais froid par la mesure. L'atterrir a a été purgé, mais le La honte demeure. Au seuil même de la restauration, Ézéchiel construit barrières non à résister espoir, mais à protéger il de sa propre fragilité.

La troisième partie a retracé l'imagination préventive d'Ézéchiel: là où la honte est spatialisée, la mémoire est ritualisée, et divin présence est détenu à une distance. Le corps du prophète devient le modèle d'une théologie meurtrie. Son auditoire est réduit au silence, non pas pour le punir, mais pour approfondir sa mémoire. Son Dieu revient, mais reste derrière des portes. Chez Ézéchiel, le prix de la restauration est la vigilance: le refus d'oublier, de posséder ou de présumer.

Ces quatre chapitres ont démontré que l'espoir le plus radical d'Ézéchiel n'est pas le retour d'Israël, mais qu'il n'oublie pas pourquoi il est parti. Et qu'en se souvenant, Israël puisse rester proche, non pas en touchant le sacré, mais en honorant sa flamme.

Conclusion du volume
Le rouleau d'Ézéchiel, toujours en cours de déroulement
Une théologie qui se souvient Avant

Le voyage à travers le rouleau d'Ézéchiel, tel qu'il est entrepris dans ce volume, ne se termine pas par une résolution, mais avec réverbération. À lire Ézéchiel est Il ne s'agit pas d'atteindre la clarté théologique ou la finalité historique. Il s'agit d'entrer dans un monde prophétique qui opère une rupture, engendre la désorientation et demande à ses lecteurs de porter l'irrésolu.

Mais ce n'est là qu'une partie de l'histoire. Car Ézéchiel n'est pas seulement le récit d'une perturbation divine; c'est un chantier théologique. Le prophète ne se contente pas de nom exilé; il ingénieurs structures à prévenir sa récurrence. Son final vision n'est pas un rêve de restauration, mais un système de retenue: un pare-feu éthico-théologique. Par des stratégies de honte, de limitation, de distance et d'espace mémoire, Ézéchiel réinvente comment sainteté pourrait durer sans être profané encore.

Dans la première partie, nous avons suivi la voix d'Ézéchiel, émergée au milieu de la dislocation et de l'effondrement. Il n'est pas un messager à la langue bien pendue, mais un instrument silencieux à travers lequel l'interruption divine devient visible. Son rouleau ne fait pas persuader; il effectue. Il magasins jugement comme liturgie, mémoire comme discipline.

Dans la deuxième partie, nous avons examiné des passages choisis comme théologie mise en pratique.

Symbole et silence, répétition et rupture, vision et architecture convergent pour exprimer un pathos divin trop volatile pour être exposé. Ézéchiel entraîne ses lecteurs à une compréhension différée, les formant au long écho de la réponse divine.

Dans Partie III, nous tourné à le du prophète L'avenir préventif. Les chapitres 6 à 9 ont déplacé l'attention de l'exposition vers l'architecture. C'est ici que la contribution la plus durable du rouleau est apparue: non pas une théologie du retour, mais une cartographie de la résistance. Hamon-Gog, le temple restrictif conception, le silencieux ville nommé Les YHWH *Shammah* ne sont pas des points d'arrivée, mais des mécanismes théologiques. Ils marquent la mémoire dans le paysage, intègrent la honte dans l'accès et empêchent la proximité divine non pas pour aliéner, mais pour préserver.

Ensemble, ils font signe vers un paysage prophétique où présence et absence, traumatisme et espoir, corps et espace restent en tension dynamique, un parchemin se déroulant toujours entre les mains de ses lecteurs.

Dans Ézéchiel, la restauration n'est pas la résolution du jugement; c'est sa continuation sous une forme disciplinée. Le pardon exige le souvenir. La proximité exige la distance. La sainteté, une fois souillée, ne doit être abordée qu'avec une ingénierie respectueuse.

Ce qui émerge n'est pas un livre clos, mais une tension ouverte, un rouleau qui refuse la clôture parce qu'il refuse l'amnésie. Les publics du rouleau, exilés, survivants, futurs, ne sont pas seulement invités à croire à nouveau, mais à se souvenir différemment. Le rouleau d'Ézéchiel est un objet liturgique: il discipline l'espoir, nomme le traumatisme et redéfinit l'accès à la présence de Dieu.

Ce volume n'a pas cherché à résoudre les ruptures théologiques d'Ézéchiel. Au contraire, il s'y est attardé, avec un esprit critique, patient et constructif. Les métaphores de la violence, l'architecture de la distance et la vision d'une restauration sans possession sont autant d'éléments qui pointent vers une théologie qui ne romance pas le retour, mais le protège de son propre effondrement.

Nous fin, donc, pas avec un résumé, mais Avec une charge. Ézéchiel n'appartient pas au passé. Son livre continue de se dérouler pour ceux qui marchent après la rupture, pour ceux qui reconstruisent avec prudence, pour ceux qui adorent avec mémoire.

Porter le rouleau d'Ézéchiel, c'est s'engager à la vigilance théologique: protéger la grâce de l'amnésie, nom honte sans paralysie, et à construire des espaces (liturgiques, éthiques, architecturaux) où le saint peut habiter, et non être souillé.

Marcher avec ce parchemin, c'est porter ses tensions non résolues: une présence qui échappe à la permanence, une Une mémoire qui préserve de la répétition, une voix prophétique incarnée au milieu d'histoires brisées. C'est un parchemin qui résiste à la fermeture, même s'il invite notre témoin.

Le livre est toujours ouvert. Marchons avec lui, avec vigilance, fidélité et sans présomption.

Bibliographie sélective

Allen, L. C. *Ezekiel 1–19*. Word Biblical Commentary 28. Dallas: Word Books, 1994.

Block, D. I. *The Book of Ezekiel, Chapters 1–24*. NICOT. Grand Rapids: Eerdmans, 1997.

_____. *The Book of Ezekiel, Chapters 25–48*. NICOT. Grand Rapids: Eerdmans, 1998.

_____. "In Search of Theological Meanings: Ezekiel Scholarship at the Turn of the Millennium." In *Ezekiel's Hierarchical World: Wrestling with a Tiered Reality*, edited by S. L. Cook & C. L. Patton, 227–39. SBLSymS 31. Atlanta, GA: Society of Biblical Literature, 2004.

Bodi, D. *The Book of Ezekiel and the Poem of Erra*. OBO 104; Freiburg/Schweiz: Universitätsverlag; Göttingen: Vandenhoeck & Ruprecht, 1991.

Brenner, A. *The Intercourse of Knowledge: On Gendering Desire and "Sexuality" in the Hebrew Bible*. Leiden: Brill, 1997.

Brownlee, W. H. "Ezekiel's Poetic Indictment of the Shepherds." *Harvard Theological Review* 51 (1958): 191–203.

Compton, R. A. "Spatial Possibilities for Reading Ezekiel 40–48: A Visionary and Textual Temple for a Priest in Exile." *Svensk Exegetisk Årsbok* 87 (2022): 141–64.

Cook, S. L. *Ezekiel 38–48: A New Translation with Introduction and Commentary*. AB 22B. New Haven: Yale University Press, 2022.

Darr, K. P. "The Wall Around Paradise: Ezekielian Ideas about the Future." *Vetus Testamentum* 37 (1987): 271–79.

Davis, E. F. *Swallowing the Scroll: Textuality and the Dynamics of Discernment in the Book of Ezekiel.* Louisville: Westminster John Knox, 1989.

Dijkstra, M. "The Valley of Dry Bones: Coping with the Reality of the Exile in the Book of Ezekiel." In *The Crisis of Israelite Religion: Transformation of Religious Tradition in Exilic and Post-Exilic Times*, edited by B. Becking & M. C. A. Korpel, 114–33. OTS 42. Leiden: Brill, 1999.

Dobbs-Allsopp, F. W. *Weep, O Daughter of Zion: A Study of the City-Lament Genre in the Hebrew Bible.* BibOr 44. Rome: Pontificio Istituto Biblico, 1993.

Duguid, I. M. *Ezekiel.* NIVAC. Grand Rapids: Zondervan, 1999.

Duguid, I. M. *Ezekiel.* Story of God Bible Commentary. Grand Rapids: Zondervan, 2023.

Frankel, D. "'I Gave Them Laws That Are Not Good' (Ezek 20:25): Divine Deception or Human Misunderstanding?" In *Theology of the Hebrew Bible, Volume 2: Texts, Readers, and Their Worlds*, edited by S. K. Sweeney (*et al.*), 199–214. RBS 107. Atlanta: SBL Press, 2024.

Friebel, K. G. *Jeremiah's and Ezekiel's Sign-Acts: Rhetorical Nonverbal Communication.* JSOTSup 283. Sheffield: Sheffield Academic Press, 1999.

Galambush, J. *Jerusalem in the Book of Ezekiel: The City as Yahweh's Wife.* SBL Dissertation Series 130. Atlanta: Scholars Press, 1992.

Ganzel, T. *Ezekiel's Visionary Temple in Babylonian Context.* Beihefte zur Zeitschrift für die alttestamentliche Wissenschaft 525. Berlin: De Gruyter, 2021.

Ganzel, T. "Ezekiel's Nonverbal Responses as Prophetic Message." *Zeitschrift für die Alttestamentliche Wissenschaft* 134 (2022): 179–92.

Greenberg, M. *Ezekiel 1–20*. AB 22. Garden City, NY: Doubleday, 1983.

_____. *Ezekiel 21–37*. AB 22A. New York: Doubleday, 1997. Hayes, E. R. & L.-S. Tiemeyer, eds. *'I Lifted My Eyes and Saw': Reading Dream and Vision Reports in the Hebrew Bible*. LHB/OTS 584. London and New York: Bloomsbury T&T Clark, 2014.

Hölscher, G. *Hesekiel: Kritisch bearbeitet*. Giessen: Töpelmann, 1924.

Joyce, P. M. *Divine Initiative and Human Response in Ezekiel*. Sheffield: JSOT Press, 1989.

Kim, S. J. "Ashamed Before the Presence of God:Shame in Ezekiel." In *Theology of the Hebrew Bible,* Volume 1: *Methodological Studies*, edited by M. A. Sweeney, 213–44. Atlanta: SBL Press, 2019.

_____. "Was Ezekiel a Messenger? A Manager? Or a Moving Sanctuary? A Beckettian Reading of the Book of Ezekiel in the Inquiry of the Divine Presence." In *Partners with God: Theological and Critical Readings of the Bible in Honor of Marvin A. Sweeney*, edited by S. L. Birdsong & S. Frolov, 237–50. Claremont Studies in Hebrew Bible and Septuagint 2. Claremont, CA: Claremont Press, 2017.

_____. "YHWH *Shammah*: The City as Gateway to the Presence of YHWH." *Journal for the Study of the Old Testament* 39.2 (2014): 213–30.

Lapsley, J. E. *Can These Bones Live? The Problem of the Moral Self in the Book of Ezekiel*. BZAW 301. Berlin: De Gruyter, 2000.

Lee, L. *Mapping Judah's Fate in Ezekiel's Oracles Against the Nations.* ANEM 15. Atlanta, GA: SBL Press and Centro de Estudios de Historia del Antiguo Oriente, 2016.

Levenson, J. D. *The Theology of the Program of Restoration of Ezekiel 40–48.* Missoula, MT: Scholars Press, 1976.

Liss, H. "'Describe the Temple to the House of Israel': Preliminary Remarks on the Temple Vision in the Book of Ezekiel and the Question of Fictionality in Priestly Literatures." In *Utopia and Dystopia in Prophetic Literature*, edited by E. Ben Zvi, 122–43. Publications of the Finnish Exegetical Society 92. Helsinki: The Finnish Exegetical Society; Göttingen: Vandenhoeck & Ruprecht, 2006.

Lust, J. "Exile and Diaspora: Gathering from Dispersion in Ezekiel." In *Lectures et relectures de la Bible: Festschrift P.-M. Bogaert*, edited by J.-M. Auwers & A. Wénin, 99–122. BETL 144. Leuven: Leuven University Press and Peeters, 1999.

Lyons, M. A. *From Law to Prophecy: Ezekiel's Use of the Holiness Code.* LHB/OTS 507. New York and London: T&T Clark International, 2009.

Marzouk, S. *Egypt as a Monster in the Book of Ezekiel.* Forschungen zum Alten Testament 2. Reihe 74. Tübingen: Mohr Siebeck, 2015.

Mayfield, T. "Literary Structure in Ezekiel 25: Addressee, Formulas, and Genres." In *Partners with God: Theological and Critical Readings of the Bible in Honor of Marvin A. Sweeney*, edited by S. L. Birdsong & S. Frolov, 225–36. Claremont Studies in Hebrew Bible and Septuagint 2. Claremont, CA: Claremont Press, 2017.

Mayfield, T. D. & P. Barter, eds. *Ezekiel's Sign-Acts: Methods and Interpretation*. BZAW 562. Berlin: De Gruyter, 2025.

Mein, A. *Ezekiel and the Ethics of Exile*. Oxford: Oxford University Press, 2001.

Mein, A. & P. M. Joyce, eds. *After Ezekiel: Essays on the Reception of a Difficult Prophet*. LHB/OTS 535. New York and London: T&T Clark, 2011.

Mylonas, N. F. *Jerusalem as Contested Space in Ezekiel: A City's Transformation through the Prophetic Imagination*. LHBOTS 751. London: Bloomsbury T&T Clark, 2023.

Nevader, M. "YHWH and the Kings of Middle Earth: Royal Polemic in Ezekiel's Oracles against the Nations." In *Concerning the Nations: Essays on the Oracles Against the Nations in Isaiah, Jeremiah and Ezekiel*, edited by E. K. Holt (*et al.*), 161–78. LHB/OTS612. London andNewYork: Bloomsbury T&T Clark, 2015.

_____. "God of the Migrant: The Displacement of God in Ezekiel." In *Divine Displacement: Postcolonial Approaches to the Hebrew Bible*, edited by Samuel L. Boyd and Sarra Lev, 103–22. Sheffield: Sheffield Phoenix Press, 2022

Nihan, C. "Ezekiel and the Holiness Legislation – A Plea for Nonlinear Models." In *The Formation of the Pentateuch*, edited by J. C. Gertz (*et al.*), 1015–39. FAT 111. Tübingen: Mohr Siebeck, 2016.

_____. "Ezechiel 8 im Rahmen des Buches – Kompositions- und religionsgeschichtliche Aspekte." In *Das Buch Ezechiel: Komposition, Redaktion und Rezeption*, edited by J. C. Gertz (*et al.*), 89–124. BZAW 516. Berlin: De Gruyter, 2020.

Oded, B. "'Yet I Have Been to Them מעט למקדש in the Countries Where They Have Gone' (Ezekiel 11:16)." In *Sefer Moshe: The Moshe Weinfeld Jubilee Volume*, edited by C. Cohen (*et al.*), 103–14. Winona Lake, IN: Eisenbrauns, 2004.

Odell, M. S. *Ezekiel*. Smyth & Helwys Bible Commentary 16. Macon, GA: Smyth & Helwys, 2005.

————. "Ezekiel Saw What He Said He Saw: Genres, Forms, and the Vision of Ezekiel 1." In *The Changing Face of Form Criticism for the Twenty-First Century*, edited by M. A. Sweeney & E. Ben Zvi, 162–76. Grand Rapids, MI: Eerdmans, 2003.

Odell, M. S. & J. T. Strong, eds. *The Book of Ezekiel: Theological and Anthropological Perspectives*. SBLSymS 9. Atlanta, GA: Society of Biblical Literature, 2000.

Park, Y. B. *Restoration in the Book of Ezekiel: A Text-Linguistic Analysis of Ezekiel 33–39*. ACEBT Supplement Series 11. Bergambacht: 2VM, 2013.

Patton, C. L. "Priest, Prophet, and Exile: Ezekiel as a Literary Construct." In *Ezekiel's Hierarchical World: Wrestling with a Tiered Reality*, edited by S. L. Cook & C. L. Patton, 73–89. SBLSymS 31. Atlanta, GA: Society of Biblical Literature, 2004.

Poser, R. "Verwundete Prophetie: Das Ezechielbuch als Trauma-Literatur." In *Gewaltig wie das Meer ist dein Zusammenbruch (Klgl 2,13): theologische, psychologische und literarische Zugänge der Traumaforschung*, edited by D. Erbele-Küster (*et al.*), 119–31. Hermeneutische Untersuchungen zur Theologie 89. Tübingen: Mohr Siebeck, 2022.

Renz, T. *The Rhetorical Function of the Book of Ezekiel*. VTSup 76. Leiden: Brill, 1999.

Rom-Shiloni, D. "Ezekiel as the Voice of the Exiles and Constructor of Exilic Ideology." *Hebrew Union College Annual* 76 (2005): 1–45.

Rom-Shiloni, D. & C. L. Carvalho, eds. *Ezekiel in Its Babylonian Context*. Die Welt des Orients 45.1. Göttingen: Vandenhoeck & Ruprecht, 2015.

Schwartz, B. J. "Ezekiel's Dim View of Israel's Restoration." In *The Book of Ezekiel: Theological and Anthropological Perspectives*, edited by M. S. Odell & J. T. Strong, 43–67. SBLSymS 9. Atlanta, GA: Society of Biblical Literature, 2000.

Stevenson, K. R. *The Vision of Transformation: The Territorial Rhetoric of Ezekiel 40–48*. SBLDS 154. Atlanta, GA: Scholars Press, 1996.

Stovell, B. M. "Yahweh as Shepherd-King in Ezekiel 34: A Linguistic-Literary Analysis of Metaphors of Shepherding." In *Modeling Biblical Language*, edited by S. E. Porter (*et al.*), 200–30. Linguistic Biblical Studies 13. Leiden: Brill, 2016.

Stravrakopoulou, F. "Exploring the Gardens of Uzza: Death, Burial and Ideologies of Kingship." *Biblica* 87 (2006): 1–21.

Stavrakopoulou, F. "Gog's Grave: Ezekiel 39 and Ancient Israelite Funerary Practices." *Biblical Interpretation* 15.1 (2007): 44–64.

Strine, C. A. "Ritualized Bodies in the Valley of Dry Bones (Ezekiel 37.1–14)." In *The Body in Biblical, Christian and Jewish Texts*, edited by J. E. Taylor, 41–57. LSTS 85. London and New York: Bloomsbury T&T Clark, 2014.

Strine, C. A. "The Role of Repentance in the Book of Ezekiel: A Second Chance for the Second Generation." *Journal of Theological Studies* NS 63 (2012): 467–91.

Strine, C. A. "Imitation, Subversion, and Transformation of the Mesopotamian *Mīs Pî* Ritual in the Book of Ezekiel's Depiction of Holy Space." In *Holy Places in Biblical and Extrabiblical Traditions*, edited by J. Flebbe, 65–78. BBB 179. Göttingen: V&R unipress / Bonn University Press, 2016.

Strine, C. A. (*et al.*), eds. *Dialectics of Displacement: Scriptural Approaches to Migrant Experience*. Sheffield: Sheffield Phoenix Press, 2017.

Strong, J. T. "Egypt's Shameful Death and the House of Israel's Exodus from Sheol (Ezekiel 32.17–32 and 37.1–14)." *Journal for the Study of the Old Testament* 34.4 (2010): 475–504.

Sweeney, M. A. "The Destruction of Jerusalem as Purification in Ezekiel 8–11." In *Form and Intertextuality in Prophetic and Apocalyptic Literature*, 144–55. FAT 45. Tübingen: Mohr Siebeck, 2005.

_____. "Eschatology in the Book of Ezekiel." In *Making a Difference: Essays on the Bible and Judaism in Honor of Tamara Cohn Eskenazi*, edited by D. J. A. Clines (*et al.*), 277–91. Hebrew Bible Monographs 49. Sheffield: Sheffield Phoenix Press, 2012.

Sweeney, M. A. *Reading Ezekiel: A Literary and Theological Commentary*. Macon, GA: Smyth & Helwys, 2013.

Sweeney, S. K. "Communications of the Book of Ezekiel: From the Iron Wall to the Voice in the Air." In *The Oxford Handbook of Ezekiel*, edited by C. L. Carvalho, 312–29. Oxford: Oxford University Press, 2023.

Sweeney, S. K. "Rattling Noises in the Dry Bone Plain: Ezekiel 37 and the Theology of Resurrection." In *Theology of the Hebrew Bible, Volume 2: Texts, Readers, and Their Worlds*, edited by S. K. Sweeney (*et al.*), 183–98. RBS 107. Atlanta: SBL Press, 2024.

Tooman, W. A. & M. A. Lyons, eds. *Transforming Visions: Transformations of Text, Tradition, and Theology in Ezekiel*. Princeton Theological Monograph Series 127. Eugene, OR: Pickwick Publications, 2010.

Tooman, W. A. & P. Barter, eds. *Ezekiel: Current Debates and Future Directions*. FAT 112. Tübingen: Mohr Siebeck, 2017.

Tuell, S. S. "The Priesthood of the 'Foreigner': Evidence of Competing Polities in Ezekiel 44:1–14 and Isaiah 56:1–8." In *Constituting the Community: Studies on the Polity of Ancient Israel in Honor of S. Dean McBride, Jr.*, edited by J. T. Strong & S. S. Tuell, 183–204. Winona Lake, IN: Eisenbrauns, 2008.

Zimmerli, W. *Ezechiel*. Biblischer Kommentar Altes Testament XIII/1-2. Neukirchen-Vluyn: Neukirchener Verlag, 1969–79.